Das 1x1 der Psychologie

Wie Sie Mimik und Gestik deuten, Manipulationstechniken erkennen und mittels tiefenpsychologischer Analyse Menschen lesen inkl. NLP und Körpersprache

Constantin von Scherer

ISBN – 9798470241238

Inhaltsverzeichnis

Vorwort

Unsere heutige moderne Welt wird oft auch als Ellenbogen-Gesellschaft bezeichnet und Redewendungen wie „Nur die Harten kommen in den Garten“ sind uns nur allzu bekannt. Mit diesem Ratgeber möchten wir dir das kleine 1x1 der Psychologie einfach erklären, damit du besser verstehen kannst, worin deine Verhaltensmuster begründet sind. Dieses Verständnis wird dir helfen, deine eigene Rolle in zwischenmenschlichen Beziehungen besser zu verstehen, und die Absichten des anderen ebenfalls zu durchschauen. Dieses psychologische Basiswissen bringt dich in die Position, selbst für deine Bedürfnisse einzustehen und sie auf harmonische und nachhaltige Weise zu erfüllen. Außerdem werden wir uns die Welt der zwischenmenschlichen Kommunikation anschauen. Ein großer Teil dieser Kommunikation läuft auf nonverbaler Ebene ab. Du wirst lernen, die Körpersprache deines Gegenübers zu lesen und deine eigene Körpersprache bewusst einzusetzen. Zwischenmenschliche Kommunikation ist wirklich ein Wunder und ein faszinierender Prozess. Tatsächliche Kommunikation, bei der sich beide Gesprächspartner auf einer Ebene befinden, kommt tatsächlich nur sehr selten vor, da wir alle irgendwie in unserer eigenen Welt leben. Diese Dynamiken werden oft durch die unterschiedlichen Persönlichkeitstypen beschrieben. Tief im Inneren sehnen wir uns danach, gesehen zu werden und so akzeptiert zu werden, wie wir sind. Ganz ohne Masken. Die Ausprägungen der unterschiedlichen Persönlichkeitstypen zu verstehen, hilft uns, echte Verbindungen mit anderen Menschen aufzubauen und so den Raum zu schaffen, einander so zu akzeptieren, wie wir sind. Mit unserer Individualität und Einzigartigkeit.

Wir wünschen uns von Herzen, dass dir dieser kleine Ratgeber dabei hilft, mehr Freiheit zu finden und dir ein liebevolleres Miteinander mit deinen Mitmenschen ermöglicht. Viel Spaß beim Lesen und Entdecken!

„Ich mach mir die Welt,

wie sie mir gefällt."

Pippi Langstrumpf, Astrid Lindgren

Die zwei treibenden menschlichen Kräfte

Die Psychologie eines jeden Menschen kann vereinfacht auf zwei grundlegende treibende Kräfte herunter gebrochen werden: das Bedürfnis, Schmerz zu vermeiden und das Bedürfnis, Freude zu erleben. Diese beiden Kräfte sind biologisch begründet und formen die Basis für all unsere Entscheidungen. Wenn du diese Dynamik wirklich verstehst und verinnerlichst, kannst du nicht nur dauerhafte Veränderungen in deinem Leben erzielen, du wirst auch Manipulationstechniken von anderen durchschauen und so nicht mehr Opfer von diesen Spielchen werden. Um dich selbst besser kennenzulernen und so auch die Denkweise eines jeden Menschen zu verstehen, kannst du dir einfach folgende Frage stellen: Was für Konsequenzen wird diese Aktion für mich haben? Wird sie mehr Freude oder mehr Schmerz in mein Leben bringen? Und nun kommt der kritische Punkt: Dein Gehirn wird automatisch der potenziellen Gefahr, Schmerz zu empfinden, Vorrang geben. Und dein Gehirn geht sogar noch einen Schritt weiter und wird auch automatisch das schlimmstmögliche Szenario projizieren. Infolgedessen werden wir dann alles tun, um diesen (potenziellen) Schmerz zu vermeiden. Schmerz ist kurzfristig der größere Motivator. Wir sind weitaus bereitwilliger, Schmerz zu vermeiden, als für Freude einzustehen oder uns (potenzieller) Freude zu öffnen. Was bedeutet das also praktisch? Schmerz als Motivator muss nicht zwangsläufig immer unbewusst ablaufen und dein Leben zu deinem Nachteil beeinflussen. Du kannst dieses Prinzip auch bewusst einsetzten und so eine positive Veränderung bewirken. Wenn du eine Verhaltensweise ändern möchtest, dann musst du sie mit einer so hohen schmerzhaften emotionalen Intensität in Verbindung bringen, dass du (dein Gehirn) diese Option nicht mehr in Erwägung zieht. Dein gewünschtes Verhalten verknüpfst du mit dem Gefühl der Freude. So manipulierst du dein Gehirn auf positive Art und Weise und nutzt diese biologische menschliche Dynamik als Tool für deine eigene Transformation. Und jedes Mal, wenn du emotionalen Schmerz durch Handlungen und Taten von anderen erfährst, kannst du die Macht über dein Leben in diesen Momenten ergreifen und dich nicht in die Opferrolle drängen lassen. Wir gehen auf die unterschiedlichen Rollen, die wir in unseren zwischenmenschlichen Beziehungen einnehmen können, im Verlauf des Buches noch ausführlicher ein. Für den Moment konzentrieren wir uns zunächst auf deine

Schöpfungskraft: Du allein hast die Macht über deinen Geist, Körper und Emotionen. Durch deine Kindheit trägst du bestimmte Konditionierungen, schmerzhafte und glückliche Erinnerungen mit dir. Diese Konditionierungen bestimmen, wie du bestimmte Ereignisse in deinem Leben einordnest und ob du sie mit Schmerz oder Vergnügen verbindest. Das heißt, du hast die Wahl! Nutze Schmerz und Vergnügen, anstatt dich von Schmerz und Vergnügen benutzen zu lassen! Dies gilt auch für traumatische Erlebnisse: du kannst dich entscheiden, deine Geschichte zu verändern und deine Beziehung zu diesen Erlebnissen zu verändern. Du bist der Schöpfer deiner Realität und Wirklichkeit. Sprich, in jedem einzelnen Moment ist das, worauf du deine Aufmerksamkeit richtest, das, was für dich am realsten ist. Um den Spielball nicht abzugeben und durch andere manipuliert zu werden, richte deine ganze Aufmerksamkeit auf diese folgenden Fragen:

1. Inwiefern ist es schmerzhafter, dein aktuelles Verhalten nicht zu ändern, als es zu ändern? Was sind die direkten Konsequenzen?

2. Wenn du dein Verhalten veränderst, wie wirst du dadurch messbar und unmittelbar Freude erfahren? Wie sieht dies genau aus?

Wir alle haben unterschiedliche Wünsche, aber wir werden alle von diesen zwei Kräften angetrieben. Um diese Dynamik ein wenig besser zu verstehen, werden wir uns in den nächsten Kapiteln mit den vier grundlegenden Kategorien unserer Erfahrungen und den sechs grundlegenden menschlichen Bedürfnissen beschäftigen.

Die vier grundlegenden Kategorien unserer Erfahrungen

Viele Menschen sind ihr Leben lang unzufrieden und haben den Gedanken „Ist das alles?" obwohl sie vermeintlich all ihre Ziele bislang erreicht haben. Vielleicht gehörst du auch zu diesen Menschen. Der Grund für den stetigen Hunger nach mehr ist darauf begründet, dass deine wahren Bedürfnisse nicht erfüllt sind. Sehr wahrscheinlich hast du nur die Ziele verfolgt, die von der Gesellschaft vorgegeben werden. Und nach dem gesellschaftlichen und kulturellen Standard bist du vielleicht auch erfolgreich und hast daher deinen bisherigen Weg einfach weiterverfolgt. Hast du dich jemals gefragt, was du wirklich möchtest? Hast du dir jemals Zeit genommen, um deine Bedürfnisse zu erforschen? Wenn du dich bisher noch nicht mit dieser Frage auseinandergesetzt hast, führst du kein selbstbestimmtes Leben und unterliegst permanent unterschiedlichsten Manipulationen. Diese können ganz subtil sein und sehr wahrscheinlich bist du dir dieser auch nicht bewusst. Es sind die Manipulationen in Form von unserer Gesellschaft und Kultur, die uns gewisse Werte und

Ideale vorgeben, nach denen wir unser Leben gestalten, weil wir dazugehören wollen. Wir sehnen und nach Zugehörigkeit, Akzeptanz und Liebe und stellen unsere Bedürfnisse dabei vielleicht eher hinten an und verbiegen uns im Zweifel.

Bevor wir die sechs menschlichen Bedürfnisse genauer durchgehen, ist es wichtig zu verstehen, dass jeder von uns im Laufe seines Lebens gewisse Strategien entwickelt hat, um unsere (vermeintlichen) Bedürfnisse zu erfüllen. Einige dieser Strategien stärken unser Leben und tragen zu unserer Weiterentwicklung bei, während andere im Moment vielleicht erfüllend sind, aber auf lange Sicht ziemlich destruktiv sind.

Ein Beispiel: das Bedürfnis nach Bedeutsamkeit und Anerkennung kann durch unterschiedlichste Arten zum Ausdruck gebracht werden: manche erfüllen dieses Bedürfnis, indem sie andere runterziehen und sich über sie stellen und andere tragen auf einzigartige und sinnvolle Weise zur Weiterentwicklung des anderen bei.

Deine gewählten Strategien sind nicht nur ausschlaggebend für dein Gefühl der Erfüllung im Hier und Jetzt, sondern legen auch die Weichen für deine langfristige Erfüllung. Sie tragen also dazu bei, ob du wirklich wachsen und dich weiterentwickeln wirst oder ob du auf einer Ebene verweilst. Sie sind auch Indikatoren, ob du überwiegend fremdbestimmt oder selbstbestimmt Entscheidungen triffst.

Unsere Strategien basieren vereinfacht auf vier Kriterien, die wir unserer Erfahrung geben:

1. **Es fühlt sich gut an.**
2. **Es ist gut für mich.**
3. **Es ist gut für andere.**
4. **Es dient dem Allgemeinwohl/ einem höheren Zweck.**

Unser Gehirn packt unsere Erfahrungen dann in unterschiedliche Kategorien, basierend auf der Anzahl an bejahten Kriterien:

Klasse 1 Erfahrung

Alle vier Kriterien sind bejaht, wir empfinden diese Erfahrung als eine besondere Lebenserfahrung.

Klasse 2 Erfahrung

Ein bestimmtes Kriterium ist nicht bejaht: **Es fühlt sich nicht gut an.**

Es ist gut für mich. Es ist gut für andere. Es dient dem Allgemeinwohl/ einem höheren Zweck.

Das sind üblicherweise Erfahrungen, die wir vermeiden wollen, weil sie sich nicht gut anfühlen. Langfristig gesehen bilden aber genau diese Erfahrungen die Grundlage für anhaltende und wahre Freude, weil sie uns wachsen lassen. Und durch das Meistern dieser Erfahrungen erlangen wir das Gefühl der Erfüllung. Diese Erfahrungen bringen ein immenses Potential mit sich. Wenn du lernst, diese Erfahrungen in Klasse 1 Erfahrungen umzuwandeln, stärkst du dein Selbstwertgefühl, Selbstbewusstsein, Selbstvertrauen und deine Resilienz. Wenn du lernst, Dinge, die sich nicht gut anfühlen dennoch mit Freude und Leichtigkeit anzugehen, kann dir niemand mehr etwas vormachen, weil du die volle Kontrolle für dein Leben trägst. Beispielsweise unangenehme Gespräche führen, Hilfe von deinem Partner für eine bestimmte Sache einfordern, nur Ja sagen, wenn du es auch wirklich meinst.

Klasse 3 Erfahrung

Lediglich ein bestimmtes Kriterium ist bejaht: **Es fühlt sich gut an.**

Es ist nicht gut für mich. Es ist nicht gut für andere. Es dient nicht dem Allgemeinwohl/ einem höheren Zweck.

Das sind die unproduktiven Aktivitäten, Ablenkungen, denen wir oft und allzu gerne nachgeben und uns verlieren. Dies kann beispielsweise das übermäßige Trinken von Alkohol, übermäßiges und unbewusstes Essen oder Shoppen sein. Das typische Charaktermerkmal von Klasse 3 Erfahrungen ist das Erlebnis sofortiger Freude. Dieses Gefühl der Freude ist jedoch nur von sehr kurzer Dauer und die Aktivität, die uns dieses Gefühl vermittelt hat, ist auf lange Sicht sogar schädlich. Für uns selbst und für unsere Umwelt. Sie zerstört langsam unsere Lebensqualität und fügt uns und unserer Umwelt Schmerz zu.

Klasse 4 Erfahrung

Keines der Kriterien ist bejaht. Es fühlt sich nicht gut an. Es ist nicht gut für mich. Es ist nicht gut für andere. Es dient nicht dem Allgemeinwohl/ einem höheren Zweck.

Dies sind Aktivitäten, denen wir aufgrund von vermeintlichem Gruppenzwang, gesellschaftlicher Konditionierung und erlernter Glaubenssysteme nachgehen. Beispielsweise haben wir unseren ersten Schluck Alkohol oder unsere erste Zigarette sehr wahrscheinlich nicht genossen. Dennoch haben wir immer wieder zu Alkohol und Zigaretten gegriffen, weil man das eben „so macht“ und wir dazugehören wollten oder einen bestimmten Lebensstil verkörpern wollten.

Aktivitäten und Erfahrungen, die wir Kategorie 3 und 4 zuordnen, sind am besten auf ein Minimum zu reduzieren, wenn wir ein selbstbestimmtes und freies Leben führen möchten und nicht von der Gesellschaft, unserem Umfeld oder unseren eigenen Glaubenssätzen manipuliert zu werden. Die sechs menschlichen Grundbedürfnisse besser zu verstehen und herauszufinden, welches deine primären Grundbedürfnisse sind, verschafft dir einen großen Vorsprung. Sobald du deine eigenen Grundbedürfnisse kennst und dich allgemein mit den menschlichen Grundbedürfnissen auseinandergesetzt hast, wirst du die Beweggründe für alle Taten von deinen Mitmenschen sofort sehen. Es bedarf keiner langen und intensiven Studien, da wir alle dieselben Grundbedürfnisse teilen und du sie daher mit sehr hoher Wahrscheinlichkeit intuitiv erkennen wirst.

Die sechs menschlichen Grundbedürfnisse

Die Bedürfnispyramide nach Maslow ist wohl eines der bekanntesten sozialpsychologischen Modelle, dass die menschlichen Bedürfnisse und Motivationen in einer hierarchischen Struktur darstellt und erklärt. Grundsätzlich unterteilt Maslow die menschlichen Bedürfnisse in essenzielle Bedürfnisse und Wachstum. Zu den essenziellen Bedürfnissen zählen Grund- oder Existenzbedürfnis, Sicherheitsbedürfnis, Sozialbedürfnis und das Bedürfnis nach Anerkennung und Wertschätzung. Das Bedürfnis nach Wachstum entspricht dem Streben nach Selbstverwirklichung. Wir haben dieses Modell von Maslow etwas verändert und erweitert, um es noch greifbarer zu machen.

1. Gewissheit: Die Fähigkeit, Schmerz zu vermeiden, Stressempfinden zu verringern und das Gefühl von Freude zu nähren, emotionale/ mentale und physische Sicherheit, Überlebensdrang

2. Ungewissheit/ Vielfalt: Überraschung, Diversität, Unterschied, Herausforderung

3. Bedeutsamkeit: Wichtigkeit, Einzigartigkeit, Bestimmung, Sinnhaftigkeit, das Gefühl gebraucht zu werden

4. Verbundenheit/ Liebe: Intimität, Zugehörigkeit, Gemeinschaft, Zusammenhalt

5. Wachstum: Weiterbildung, Lernen, Bildung, Veränderung, Erweiterung, Verbesserung

6. Beitrag: Geben, Helfen, Fürsorge, Pflege, einen Unterschied machen

Diese Bedürfnisse sind letztendlich der Antrieb und die Motivation hinter all unseren Handlungen und Entscheidungen. Unser Nervensystem ist darauf programmiert, diese Bedürfnisse für uns zu erfüllen. Dabei bildet die interne individuelle Hierarchiestruktur, die wir für uns selbst erstellt haben, eine wichtige Rolle. Diese Hierarchie ist für jeden Menschen anders und ändert sich im Lauf des Lebens. Wenn wir uns unserer Bedürfnishierarchie bewusstwerden, können wir sie verändern und unserem Leben eine Richtung vorgeben. Dies ist der Schlüssel zum Glück. Unglück, emotionaler Stress, Unzufriedenheit, das Gefühl des Getrenntseins, ausgebrannt sein oder andere dysfunktionale Verhaltensweisen entstehen, wenn wir unfähig sind, Wege zu finden, unsere Bedürfnisse auf eine nachhaltige und positive Art und Weise zu erfüllen. Jedes Mal, wenn du dich also mit einer bequemen Lösung zufriedengibst oder einem Kompromiss eingehst, hintergehst du dich selbst und trägst zur Verstärkung deiner Unzufriedenheit bei. Dies führt dann zu einem geringeren Selbstwertgefühl und Selbstbewusstsein, und wenn deine Bemühungen, deine Bedürfnisse zu erfüllen scheitern, was unweigerlich von Mal zu Mal passieren wird, wird sich das wie ein sehr starker Rückschlag anfühlen und es wird sehr schwer sein, die Motivation aufzubringen, weiterzumachen und diesen Rückschlag als Lehre zu sehen. In diesem Zustand der Unsicherheit und Verletzlichkeit sind wir ein leichtes Opfer für andere, wir suchen nach Zuspruch und Unterstützung im Außen. Dies ist der Moment, in dem wir leicht Manipulations-Taktiken verfallen können, weil sie uns die vermeintliche Erfüllung unserer Bedürfnisse versprechen. Es ist also absolut wichtig, konstruktive und nachhaltige Wege zu finden, unsere Bedürfnisse zu erfüllen. Jeder Mensch hat die Fähigkeit, alle menschlichen Bedürfnisse zu erfüllen. Dieses Kapitel soll dir dabei helfen, deine Bedürfnisse besser zu verstehen und neue Entscheidungswege zu finden und so unterstützende Verhaltensmuster aufzubauen. Idealerweise kreierst du unterstützende Verhaltensmuster basierend auf Klasse 1 Erfahrungen, da diese das höchste Potential für Wachstum und Nachhaltigkeit mit sich bringen. Klasse 1 Erfahrungen erfüllen folgende Kriterien: Es fühlt sich gut an. Es ist gut für dich. Es ist gut für andere. Es dient dem Allgemeinwohl/ einem höheren Zweck.

Lass uns nun ein paar Beispiele für unterschiedliche Strategien, die menschlichen Bedürfnisse zu erfüllen, anschauen, um ein besseres Verständnis für sie zu entwickeln. Die Beispiele sind bewusst extrem gewählt, um die jeweiligen Ausprägungen gut zu verdeutlichen. Tatsächlich nehmen sie sehr wahrscheinlich jedoch nicht diesen extremen Formen in deinem Leben an.

Gewissheit

Jeder Mensch möchte sich wohl fühlen, also Schmerzen vermeiden und Freude empfinden. Das grundlegendste menschliche Bedürfnis der Gewissheit beruht darauf, dass die Grundbedürfnisse Essen, Obdach und weitere materielle Aspekte gesichert sind. Nun können Menschen die Tendenz haben, die Erfüllung dieses Bedürfnisses durch Kontrolle aller Aspekte ihres Lebens zu erlangen. Sie kontrollieren ihre Umgebung, die Personen um sie herum usw. Andere Personen schließen sich einer (Glaubens-)

Gemeinschaft an und ordnen sich ihrer Regeln vollkommen unter. Die Verantwortung wird also voll und ganz an eine externe Quelle abgegeben. Oft spiegelt sich diese Dynamik in Beziehungen wieder - ein Partner ist die führende Kraft und der andere ist die untergeordnete, folgende Kraft. Das Gefühl der Sicherheit und Gewissheit ist komplett an die Beziehung gekettet. Eine positive und lebensbejahende Form der Erfüllung dieses Bedürfnisses ist eine grundlegende Veränderung der inneren Einstellung zum Leben: „Jedes Ereignis in meinem Leben erfolgt für mein persönliches Wachstum und trägt zu meiner Entfaltung bei. Ich bin nicht Opfer meiner Lebensumstände und bin der Schöpfer meiner Realität.“

Ungewissheit/ Vielfalt

Menschen lieben Veränderung und Abwechslung, wenn sie positiv sind. Der Faktor Ungewissheit/ Vielfalt ist grundlegender Bestandteil der menschlichen Natur, die sich stets im Wandel befindet. Unser ganzes Umfeld unterliegt ebenso konstantem und stetigen Wandel: Tag und Nacht, warm und kalt, Frühling, Sommer, Herbst, Winter, etc. Dieses Bedürfnis ist leicht zu befriedigen, da in der heutigen Welt so viele unterschiedliche Stimuli verfügbar sind: sportliche Aktivitäten, Unterhaltung (Kino, Netflix, Konzerte, Theater etc.), Reisen, Essen, etc. Dieses

Bedürfnis wird auch auf natürliche Weise durch Gefühlsveränderungen, und durch subtilere Prozesse wie bspw. die Zellerneuerungen und dem Ein- und Ausatmen konstant stimuliert. All diese Aktivitäten tragen im Positiven zur Befriedigung dieses Bedürfnisses bei, wenn sie bewusst gewählt werden und nicht dazu dienen, sich nicht mit unangenehmen Situationen, Gefühlen oder Erlebnissen auseinander zu setzen.

Bedeutsamkeit

Menschen brauchen das Gefühl, dass das eigene Leben Sinn und Bedeutung hat. Dass die eigene Existenz und das eigene Dasein von (mindestens) einem anderen Menschen gebraucht wird. Das wir besonders, einzigartig und wichtig sind. Dieses Bedürfnis kann dadurch erfüllt werden, indem Anerkennung durch andere oder aber durch einen selbst gesucht wird. Anerkennung durch andere kann durch zwanghafte Dynamiken erzwungen werden, indem Menschen ihre Machtpositionen ausnutzen und ihre Umgebung und Umfeld missbrauchen, zerstören oder niedermachen. Es gibt auch subtilere Arten, sich bedeutsam zu machen. Wenn Menschen sich beispielsweise unwichtig fühlen, kann sich das unter anderem in übermäßiger Wut oder Zorn ausdrücken oder aber, dass diese Personen ständig nur Probleme haben und diese fortlaufend mit anderen kommunizieren müssen. Es gibt auch sinnvolle Art und Weisen, dieses Bedürfnis nach Bedeutsamkeit zu erfüllen. Ein kleiner Akt der Freundlichkeit, bspw. eine Spende an einen Obdachlosen, Engagement in Charity-Organisationen, aktives und empathisches Zuhören in Gesprächen, etc. sind Beispiele für nachhaltige und positive Möglichkeiten für die Bedürfnisbefriedigung.

Verbundenheit/ Liebe

Das Gefühl der Verbundenheit, Teil von etwas zu sein ist ein weiteres menschliches Grundbedürfnis und kann durch die Beziehung zu einer Person, einem Tier, einem Objekt, einer Pflanze, einem Ort, einem Lebewesen, einer Wertvorstellung, einer Gewohnheit, einer speziellen Identität, einer Idealvorstellung, usw. erfüllt werden. Oft ist Liebe ein Element zur Erfüllung dieses Bedürfnisses, sie nimmt jedoch unterschiedliche Formen an. Bspw. die Form von romantischer Liebe, freundschaftlicher Liebe, liebevoller Zuneigung, Zugehörigkeitsgefühl zu einer bestimmten Gruppe, etc. Die harmonische und anhaltende Erfüllung dieses Bedürfnisses liegt letztendlich in dem Gefühl der Verbundenheit zu uns Selbst, dem Grad an Selbstliebe. Wenn wir Verbundenheit nur im Außen suchen, erschaffen wir ungesunde Abhängigkeitsstrukturen, die sehr instabil und ungesund sind und uns eher einschränken als bereichern und stärken. Gesunde Beziehungen jeglicher Art erlauben Freiraum für einen authentischen Ausdruck, sind frei von Verurteilungen, Bewertungen und Erwartungen.

Wachstum

Das Leben besteht aus zwei fundamentalen Säulen: Wachstum und Tod. Letztendlich spielt es keine Rolle, wieviel Geld du hast, wie erfolgreich du bist, wieviel du bereits in deinem Leben erreicht hast, wie viele Freunde du hast, etc. wenn du nicht das Gefühl hast, dich noch immer weiterzuentwickeln und zu wachsen. Wenn dieses Bedürfnis nicht erfüllt ist, wirst du immer das Gefühl haben, unglücklich, unzufrieden und nicht erfüllt zu sein. Um dieses Bedürfnis zu erfüllen, brauchst du nur deine Neugierde anzusprechen. Versuche neue Dinge aus, melde dich zu Seminaren, Fortbildungen, Tanzklassen, usw. an. Setze dich mit anderen Kulturen auseinander, wähle bewusst inspirierende Bücher und Filme, die dein Gehirn mit bereichernden Inhalten versorgen und nicht nur ablenken. Sei neugierig, wie andere Menschen ihr Leben gestalten, was ihre Beweggründe sind, was ihre Erfolge und Rückschläge sind. Die Erfüllung dieses Bedürfnisses kann aus einer Kombination aus den zuvor beschriebenen Bedürfnissen erfolgen.

Beitrag

Tief in unserem Inneren verspüren alle Menschen den Wunsch, über uns hinaus zu wachsen und zu etwas Größerem beizutragen. Der Wunsch, einander zu helfen und beizustehen ist angeboren und tief in uns verankert. Wir alle streben danach, eine bessere Welt, ein besseres Leben zu erschaffen. Die tatsächlichen Vorstellungen wie genau dies aussieht, können sehr unterschiedlich aussehen, aber der Kern ist derselbe. Wann immer wir anderen helfen oder unseren selbstlosen Beitrag zu etwas leisten, erfahren wir Freude und Erfüllung. Dieses Bedürfnis mag in vielen von uns verborgen sein und mit einer gewissen Schüchternheit verbunden sein, weil unsere heutige Gesellschaft sich mehr in die Richtung einer Individualgesellschaft entwickelt hat. Wir können jedoch nicht bestreiten, dass sich diese Entwicklung nicht vollständig richtig und erfüllend anfühlt. Das Bedürfnis, unseren Beitrag in diesem Leben zu leisten ist das ultimative Geheimnis, frei zu sein und Manipulationen direkt zu durchschauen und einfach nicht in dieses Spiel einzugehen.

„Probleme kann man niemals

mit derselben Denkweise lösen,

durch die sie entstanden sind.“

Albert Einstein

Jeder von uns hat die Fähigkeit, eines oder alle sechs dieser menschlichen Bedürfnisse zu erfüllen. Und hierzu benötigen wir nur die Veränderung an einer dieser zwei Schraubstellen: Veränderung der Wahrnehmung, sprich auf welchen Aspekt wir unseren Fokus legen und darauf basierend unsere Überzeugung formen. Bemerkst du zunächst eher immer negative und schlechte Aspekte im Leben oder siehst du zuerst die schönen und positiven Aspekte? Dies gibt dir einen ersten Aufschluss über deine Glaubenssätze und möglichen Hindernisse. Die andere Schraubstelle ist die Strategie, die du verfolgst, um deine Bedürfnisse zu erfüllen. Es gibt zahlreiche Wege, deine Bedürfnisse zu erfüllen. Wählst du überwiegend den einfachen Weg mit dem geringsten Widerstand? Ist deine Vorgehensweise oft zulasten von anderen? Wir laden dich nun ein, zu allen sechs Bedürfnissen eine kurze Bestandsaufnahme zu machen und zu prüfen, auf welche Art und Weise du Erfüllung erlangst. Sei ehrlich und schau dir deine positiven und negativen Strategien an. Dies wird dir auch viel Aufschluss und Klarheit darüber geben, wie andere Menschen ihre Bedürfnisse erfüllen. Obwohl wir alle einzigartig sind, verfolgen wir doch öfter als du denkst dieselben Strategien.

Verhaltensmuster und Manipulation

Wenn wir dauerhaft keinen Weg finden, unsere Bedürfnisse auf eine harmonische, nachhaltige und positive Weise zu erfüllen, macht sich das Gefühl der Unzufriedenheit und des Scheiterns breit. Oft ist unser modernes Leben auch sehr schnelllebig, hektisch und fordernd, sodass es umso schwerer erscheinen mag, unsere Bedürfnisse zu erfüllen. Oftmals drückt sich diese innere Unruhe in unserer heutigen Gesellschaft dann durch passiv-aggressives Verhalten aus. Die Bezeichnung kann im ersten Moment irreführend sein, da wir Aggression unter Umständen nur mit direkten körperlichen oder verbalen Übergriffen und Angriffen in Verbindung bringen. Allerdings ist dieses Verhaltensmuster, wenn richtig angewandt, durchaus eine praktikable Manipulationstechnik, die besonders in der Arbeitswelt für den Erfolg beinahe unerlässlich ist. Auch kann dir ein solches Verhalten dabei helfen, in Gesprächen oder Verhandlungen die Oberhand zu behalten.

Ziel dieses Kapitels ist es, dir einen Überblick über die verschiedenen Manipulationstechniken und Beispiele für deren Anwendung zu geben. So durschaust du Manipulationen, die gegen dich gerichtet sind und lernst diese auch selbst anzuwenden. So steht dir beim Lesen deines Gegenübers und der Situationsmanipulation zu deinen Gunsten nichts mehr im Wege.

Diese weiteren Kapitel eröffnen dir nicht nur die Möglichkeit, Situationen und Gespräche zu deinem Vorteil lenken zu können. Gleichzeitig bist du gewappnet, sollten solche Techniken auf dich angewandt werden und kannst ihnen entgehen.

Typische Manipulationstechniken und -verhalten

Ein typisches manipulatives Verhalten zeigt sich häufig undurchsichtig und teilweise sogar widersprüchlich: Handlungen und Worte weichen stark voneinander ab und stimmen nicht überein. Das passiert uns natürlich allen Mal und das bedeutet dann auch nicht gleich, dass wir eine passiv aggressive Veranlagung haben. Ab und an ist uns einfach alles zu viel, wir sind mit den Gedanken ganz woanders oder haben unsere Ohren einfach auf Durchzug geschaltet, um einem unangenehmen Streit auszuweichen. Wahrscheinliche hast du andere auch schon einmal durch dein Schweigen bestrafen wollen. Entscheidend ist, das Schweigen oder das verdeckte Verhalten so einzusetzen, dass du mit diesem Verhalten Erfolg hast, ohne dabei großen Schaden zu verursachen. Personen, die diesen Stil anwenden, erzeugen absichtlich eine Diskrepanz zwischen ihren Worten und Taten, dies ist allerdings nicht nur aus der negativen Perspektive zu betrachten. Werden beispielsweise Versprechungen gemacht, ohne die Absicht, diese einzuhalten, entsteht für den Zusagenden ein Vorteil. Dieser zeigt sich darin, dass immer er die Leitung über Gespräche, Verantwortungen und Ähnliches behält.

Er entscheidet, ob er das Versprechen einhält. Tut er das nicht, weil er sich dadurch beispielsweise einen beruflichen Vorteil sichert, behält er die Entscheidungsgewalt. Der andere wird somit absichtlich sich selbst überlassen und kann, wenn es die Situation verlangt, bloßgestellt werden. Aber die Manipulation der Gesellschaft bedarf keiner bestimmten Ausprägung, um damit erfolgreich zu sein. In unserer heutigen Gesellschaft ist es fast unumgänglich, mit Tricks zum gewünschten Ziel zu kommen. Auch kann man davon ausgehen, selbst oft genug manipuliert zu werden. Je mehr Spielchen der anderen du einsteckst, desto mehr Erfolg werden sie haben und das erreichen, was sie wollen. Im Umkehrschluss bedeutet das aber auch, dass du deine Bedürfnisse immer den anderen unterordnest und dein Erfolg ausbleiben wird.

In den Grundbedürfnissen sind wir darauf eingegangen, was den Menschen motiviert und welche Rangordnung diese Bedürfnisse haben. Wachstum, Bedeutsamkeit und Gewissheit sollten wir an dieser Stelle hervorheben. Denn auf diese Bedürfnisse zielen Manipulation und der Einsatz einfacher psychologischer Tricks ab. Während die Gesellschaft solche Techniken verteufelt, werden sie dennoch von fast jedem angewandt. Das soll nicht bedeuten, dass dies zu jedem Zeitpunkt der Fall ist und so sein soll. Wäre dem so, könnte das Bedürfnis nach Gewissheit, Verbundenheit und Liebe nie gestillt werden.

Die Kunst, ein Gespräch zu lenken oder die bewusste Manipulation einer Situation sollte nie leichtfertig angewandt werden. Denn du wirst feststellen, dass deine kognitive Dissonanz zunimmt, wenn du diese Techniken anwendest, ohne ein bestimmtes Ziel zu verfolgen oder ein bestimmtes Bedürfnis befriedigen zu wollen.

Die kognitive Dissonanz lässt sich als aversiver motivationaler Zustand beschreiben, der Menschen dazu veranlasst, diesen unangenehmen Zustand abzuschaffen. Das bedeutet, je unangenehmer ein Verhalten für dich wird, ohne dass mit diesem Verhalten eine wesentlich höherwertige Belohnung einhergeht, desto unwohler wirst du dich fühlen. In der Praxis könnte das folgendermaßen aussehen:

Du wirst vor eine Aufgabe gestellt und gefragt, wie dir die Aufgabe gefällt. Diese Aufgabe langweilt dich sehr aber: Wenn du lügst und sagst, dass dir die Aufgabe gefallen hat, bekommt du zwanzig Euro. Das ist eine mehr als hinreichende Rechtfertigung für eine Lüge, die keine weiteren Auswirkungen auf dich oder andere hat. Dementsprechend ist deine Dissonanz gering, da du aufgrund der höheren Belohnung ausreichend Grund dazu hast. Deine Einstellung zu der Aufgabe hat sich nicht geändert.

Wärst du in der gleichen Situation, würdest aber nur einen Euro für dieselbe Lüge bekommen, würde das eine hohe kognitive Dissonanz hervorrufen. Der Grund dafür ist, dass du in dieser Situation keinen Grund hast zu Lügen, da die Belohnung zu gering ist. Um mit dir selbst im Reinen zu bleiben, wirst du also deine Einstellung ändern müssen und so redest du dir selbst ein, dass die Aufgabe interessant sei und rechtfertigst damit deine Lüge.

Diese kognitive Dissonanz gilt es auch in der zwischenmenschlichen Psychologie oder bei der Anwendung von gezielten Manipulationstechniken so gering wie möglich zu halten. Ist dies nicht mehr möglich, wirst du dir mit der Zeit mehr Schaden zufügen als Vorteile daraus ziehen zu können. Dementsprechend ratsam ist es, sehr überlegt und vorausschauend zu handeln.

Mit diesen acht Manipulationstechniken zum Erfolg

Vermeidung direkter Konfrontation

Wenn du in einer Situation ungerecht behandelt wurdest, kannst du dies zu deinem Vorteil nutzen, natürlich unter Berücksichtigung der kognitiven Dissonanz.

Spreche dein Gegenüber nicht selbst auf den Konflikt an. Geht es um eine Arbeitssituation, in der du abgesichert bist, kannst du versuchen deine gleichgestellten Kollegen auf deine Seite holen. Das gelingt, indem du ihnen den vorhergegangenen Konflikt etwas überspitzt und dramatischer schilderst. Diese Art der Manipulation wird sich für dich besonders dann auszahlen, wenn du schon vorher ein gutes Verhältnis zu deinen Kollegen hattest. Auch indem du deine Gefühle gut begründen und formulieren kannst, schaffst du dir einen Vorteil. Geht es um Beförderungen oder Gehaltserhöhungen, werden häufig auch andere Personen bzw. Mitarbeiter nach ihrer Meinung gefragt, ob der Kollege eine solche Belohnung verdient habe. Wenn du deine Kollegen erst von deiner Version des Konflikts überzeugt hast, werden sie dich auch weiterhin unterstützen. Beispielsweise bei einer anstehenden Gehaltserhöhung oder wenn es um die Übernahme der

Abteilung durch dich geht. Aber auch sonst ist es ungemein hilfreich, viele Leute auf deiner Seite zu haben.

Schweigen ist Gold

Dieser Teil des Sprichwortes ist eine altbekannte und altbewährte Manipulationstechnik. Vielleicht wurde das Schweigen als Druckmittel schon an dir angewandt. Wenn ja, ist dir durchaus bewusst, wie laut Schweigen sein kann. Denn so sehr gesprochene Worte verletzen können, die unausgesprochenen Worte können weitaus vernichtender sein.

Gewisse Situationen erfordern entweder eine offene Diskussion, deren Ausgang weder sicher ist noch eine bestimmte Erfolgschance für dich in Aussicht stellt. Oder du setzt selbst das bewusste Schweigen zu deinem Vorteil ein. Auch wenn Schweigen in jeder Situation eine Option darstellt, solltest du darauf achten, diese Technik nicht zu häufig anzuwenden. So verliert dein Schweigen seine Wirksamkeit und erzeugt bei zukünftigen Einsätzen kaum noch Druck.

Um dein Schweigen erfolgreich einzusetzen, braucht es ein paar Informationen. Darunter: Welches Verhältnis hast du zu deinem Gegenüber, wie emotional empfindlich ist diese Person und was möchtest du mit dem Schweigen erreichen. Hast du diese Informationen gesammelt, stellt sich nur noch die Frage, ob diese kraftvolle Manipulationstechnik für diese Situation von Nöten ist. Kannst du diese Frage mit einem eindeutigen Ja beantworten, beginne damit, das Gespräch zu deinen Gunsten zu lenken. Sprich bewusst leise, antworte knapp und achte darauf, auch über deine Körpersprache nicht mehr als das Gesagte zu verraten.

Empfängst du von deinem Gegenüber Nervosität und Unsicherheit, hattest du mit deinem Verhalten Erfolg. Du nimmst deinem Konfliktpartner damit sämtliche Anhaltspunkte, die ihm verraten könnten, wie sich das Gespräch entwickelt.

Hast du dein Gegenüber in diese Situation der Unsicherheit gebracht, gehört das Gespräch dir. Nun musst du lediglich den Moment abwarten, in dem dein Gegenüber verzweifelt. Sobald er hilfesuchend Fragen stellt, seine Sprechlautstärke erhöht oder sonstige Verzweiflungstaten unternimmt, schweigst du. Das gleicht einem gewaltvollen Paukenschlag. Je nach deinem Verhältnis zu der Person, dem Gesprächsthema und auch deinem Ziel, kannst du von einer Stunde bis zu mehreren Wochen schweigen.

Unter bestimmten Umständen bzw. in bestimmten Situationen kannst du dieses Schweigen zusätzlich unterstreichen. Dies gelingt dir, indem du dich aus der

Situation zurückziehst, nachdem du zu schweigen begonnen hast. Lasse deinem Gesprächspartner keine Möglichkeit, das Gespräch an Ort und Stelle weiterzuführen und geh.

Nach kurzer Zeit wird der andere beginnen, an seinen Argumenten zu zweifeln und ein schlechtes Gewissen zu entwickeln. Er wird sich weiter mit eurem Gespräch beschäftigen. Du hast dein Ziel erreicht, wenn der andere auf dich zukommt und sich entschuldigt, oder deiner Forderung nachgibt.

Vergeben ist nicht vergessen

Um an das obige Thema anzuknüpfen, können auch gesagte Worte genutzt werden, um Menschen zu lenken. Dazu musst du allerdings bei jedem Gespräch und jedem Konflikt, sehr genau zuhören. Du solltest dir nicht nur die Worte deines Gesprächspartners merken, sondern auch den Kontext und dir seine Körpersprache einprägen.

Ist dir das gelungen, hast du ein weiteres Ass im Ärmel. Du solltest zwar mit dem Gespräch oder Streit emotional abgeschlossen haben, kannst aber alles wieder hervorholen, wenn es nötig wird. Damit ist gemeint, dass du den anderen die gesagten Dinge nicht vergessen lässt. So behältst du eine gewisse Macht über die Person und kannst diese zu deinen Gunsten nutzen. Ist die andere Person in ihrer Wortwahl eher unsicher, kannst du das Gesagte auch in anderen Worten wiedergeben, wenn du das Thema wieder aufgreifst. Damit spielst du dein Gegenüber mit seiner eigenen Unsicherheit gezielt aus, indem du ihm die Wörter im Mund verdrehst.

Um auch hier wieder einen Freund oder einen Verbündeten zu gewinnen bzw. zu behalten, lenke das Gespräch in diese Richtung. Du kannst den anderen beiläufig an etwas erinnern, dass ihn unter Druck setzt und in ihm Stress auslöst. Sobald er unsicher wird, wechselst du das Thema und wiegst ihn dadurch in Sicherheit. So entspannt sich dein Gesprächspartner zwar, du behältst aber weiterhin eine gewisse Macht über ihn.

Unverantwortlichkeit soll gelernt sein

Im Leben fallen hin und wieder unbequeme Aufgaben an. Sei es den Müll rausbringen, bei strömendem Regen mit dem Hund Gassi gehen, nach einem langen Arbeitstag noch den Berg Wäsche und Geschirr verarbeiten, etc. Aber solchen Unbequemlichkeiten kannst du relativ einfach entgehen, wenn es nötig ist. Sofern du dein Ego ein wenig beiseiteschieben kannst, kannst du dich deinem Gegenüber als inkompetent oder gar dumm ausgeben.

Sollte das nicht das gewünschte Ergebnis erzielen, kannst du dazu übergehen, die Aufgaben unzureichend und in geringerem Tempo zu erledigen. So zwingst du den anderen dazu, die Aufgaben noch einmal zu machen oder nachzubessern. Arbeitest du besonders langsam, wird der andere die Aufgabe lieber selbst übernehmen, da es ihm zu lange dauern wird.

Wenn du zu subtileren Methoden greifen möchtest, reicht ein gezielter Einsatz deiner Mimik. Je gestresster du wirkst, desto eher wird dein Gegenüber die Aufgabe selbst übernehmen und gar nicht erst um deine Hilfe bitten.

Gute Miene zum bösen Spiel

Etwas, das jeder von uns mindestens einmal selbst gemacht hat: Ein Lächeln aufzusetzen, während man sich über die Situation ärgert. Selbst wenn du dem Ärger nach einiger Zeit Luft macht, ändert sich beim nächsten Mal trotzdem nichts.

Klare Kommunikation sollte zwar in jeder Lebenslage großgeschrieben werden, allerdings ist kaum eine Gesellschaft so gestaltet. Egal ob im Alltag oder im Beruf, es zählen immer die kleingedruckten oder unausgesprochenen Dinge. Solltest du in eine Situation geraten, in der du gute Miene zum bösen Spiel machen musst, kannst du ebenso dein eigenes Spiel daraus machen.

Hier geht es nicht darum, die anderen Beteiligten zu verletzen, sondern lediglich darum, dich erfolgreich aus der Situation zu befreien. Außerdem stellen solche Situationen meistens gewisse Belohnungen in Aussicht, die du nur dann bekommst, wenn du mitspielst.

Hast du erst ein Lächeln aufgesetzt, kannst du dich daran machen, den Spieß umzudrehen. Konfrontiere dein Gegenüber ruhig und lächelnd, was ihm den Wind aus den Segeln nimmt. Das wird eine völlig unerwartete Handlung für die meisten sein, da sie erwarten Unzufriedenheit und Unruhe zu stiften. Wenn du dem frontal, freundlich und lächelnd entgegentrittst, hast du die Überhand gewonnen. Achte aber darauf, deinen Ärger trotzdem auf positive Weise abzubauen, da aufgestaute Wut die Psyche durchaus belasten kann. Du kannst deinen Ärger beispielsweise als Treibstoff nutzen. Beende das unangenehme Gespräch oder entferne dich aus der Situation. Anschließend kannst du dich auf die Suche nach Verbündeten machen und sie mit einer Darstellung der Situation auf deine Seite holen.

Eine weitere Möglichkeit wäre, aus dem Problem eine Chance zu machen. So könntest du mehr Arbeit in eine Aufgabe stecken und diese in absoluter Perfektion abliefern oder aber vollständig unzureichend. Bei ersterem wirst du wohl kaum eine innere Befriedigung feststellen können, da dies als selbstverständlich angesehen wird. Bei letzterem spielst du deinen Konfliktpartner wieder einmal gegen sich selbst aus, da dieser die Arbeit nun selbst noch einmal erledigen muss.

Manipulation

Menschen mit einer manipulativen Verhaltensweise zeigen eine überraschende Ausdauer darin, ihr Klagelied unterschiedlichsten Menschen zu präsentieren. Sie haben oft auch die Tendenz, ihre Sichtweise zu dramatisieren und ihr Leid theatralisch zur Schau zu stellen und hoffen auf das Mitgefühl von anderen. Sprich sie möchten, dass andere ihnen zu Hilfe eilen und ihr Problem lösen, ohne darum bitten zu müssen. Sie verweilen in ihrer passiven Haltung, da sie sich dadurch nicht verletzbar bzw. angreifbar machen. Wenn sie andere aktiv um Hilfe bitten würden, könnte die andere Person sie ja zurückweisen und sie müssten sich selbst damit befassen. Die angewendete Strategie kann also als eine Form der emotionalen Manipulation angesehen werden, gemäß dem Motto der stete Tropfen höhlt den Stein - „, wenn ich mich genügend beklage, muss mir doch irgendjemand irgendwann zur Hilfe kommen". Stößt diese Strategie unerwarteter Weise auf unfruchtbaren Boden, kann auch hier etwas getrickst werden. So kannst du mittels anscheinender Inkompetenz oder Dummheit dein Gegenüber davon überzeugen, dass du Hilfe brauchst. Andere Möglichkeiten, die oft angewandt werden, sind das Aufschieben oder das extrem verlangsamte Erledigen von Aufgaben. Beide Strategien sind allerdings nur dann einsetzbar, wenn die andere Person physisch anwesend ist. Ihr Geduldsfaden oder ihre Grenzen können nur so getestet werden. Wirst du von jemandem beobachtet, während du besonders langsam arbeitest, wird dir die andere Person früher als später zu Hilfe eilen. Warum? Weil es Menschen zur Weißglut treiben kann, jemandem beim langsamen Arbeiten zusehen zu müssen. Einige Personen helfen dir auch deswegen, weil sie sich davon Lob und Anerkennung versprechen.

Vermarktung des eigenen negativen Selbstbildes

Durch Leistung zu glänzen und daher verantwortungsvolle, inspirierende und herausfordernde Aufgaben übertragen zu bekommen liegt in der Natur der meisten Menschen. Allerdings kann es manchmal von Nöten sein, dieses Selbstbild anders darzustellen, als man es von sich selbst empfindet. Um sich in gewissen Situationen der Verantwortung zu entziehen, mimt man also das Bild eines überlasteten, überforderten Menschen.

Im Berufsleben kann das bedeuten, keine 100%ige Leistung zu bringen, wenn einem eine Aufgabe übertragen wird. Möchte man das Spiel noch etwas weitertreiben, kann man sich zusätzlich als dumm oder als inkompetent darstellen. Dieses Verhalten wird natürlich nicht mit Wertschätzung und Lob belohnt werden, aber du wirst seltener mit solchen Aufgaben oder mit bestimmten Verantwortungen belastet.

Geplante Vergesslichkeit

Bewusst Dinge zu vergessen ist eine sehr nützliche und wirkungsvolle Technik, wenn es um die Manipulation von Menschen geht. Da das eine sehr gängige Technik ist, ist sie auch relativ bekannt.

Vergisst jemand etwas absichtlich, löst das eine Welle der Gefühle aus. Diese kann im weiteren Verlauf dazu verleiten, die Schuld dafür bei einem selbst zu suchen oder sich unwichtig zu fühlen. Wenn beispielsweise Haushaltstätigkeiten von einem Partner absichtlich vergessen werden, kann das den anderen Partner stark verletzen.

Mit diesem Verhalten kannst du dein Gegenüber aus mehreren Gründen dazu bringen, die Aufgabe selbst zu erledigen. Du signalisierst dadurch, dass dir die Aufgabe egal ist. Außerdem vermittelst du deinem Gegenüber das Gefühl, dass er dir egal ist.

Umgang mit Manipulation bei einem selbst

Nachdem du nun die gängigsten Manipulationstechniken und deren Einsatz kennengelernt hast, geht es in diesem Kapitel darum, solchen Techniken nicht selbst zum Opfer zu fallen. Die wichtigste Regel ist, das Verhalten des anderen nicht persönlich zu nehmen. Nach dem vorherigen Kapitel wirst du relativ gut abschätzen können, was in der anderen Person vor sich geht und welchen Nutzen sie sich von ihrem Verhalten verspricht.

Es ist trotzdem in Ordnung, wenn du dich verletzt oder traurig fühlst, nachdem du mit einem solchen Verhalten konfrontiert wurdest. Umso wichtiger ist es, die Situation für dich vorteilhaft, oder wenigstens nicht zu deinem Nachteil, zu gestalten. Die andere Person ist sich zumeist bewusst, was sie tut, dementsprechend liegt es an dir, wie du damit umgehst. Wie bereits erwähnt: Wenn du der Situation nicht Herr werden kannst oder willst, entferne dich so rasch wie möglich. Das dient zu deinem Schutz und im weiteren Verlauf dazu, dass die andere Person nicht das bekommt, was sie will.

Wenn du dich erstmal ausgiebig mit den Manipulationstechniken befasst hast, wirst du auch in der Lage sein, diese gegen die andere Person einzusetzen. Das

Ergebnis wird ein Vorteil für dich oder aber wenigstens kein Vorteil für den anderen.

Die nachfolgenden Tipps und Tricks können dich bei einem Gespräch mit einer Person, die eine der vorgestellten Verhaltensweise anwendet, unterstützen:

1. **Vertraue deinem Bauchgefühl & suche den Austausch**

   Es ist wichtig im Hinterkopf zu behalten, dass Kommunikation einen Empfänger und einen Sender erfordert. Auch wenn die Gesprächspartner einander nie ganz verstehen können, so liegt es trotzdem an beiden, was sie aus dem Gespräch machen.

   Je tiefer du in die Psychologie des Menschen eintauchst, desto eher wirst du sehen, dass Manipulation sehr häufig und sehr offen ausgelebt wird.

   Dein Bauchgefühl warnt dich vor Personen, die es nicht gut mit dir meinen und vermittelt dir, wenn etwas nicht stimmt. Darauf solltest du unbedingt vertrauen. Nachdem du in der Lage bist, Menschen gezielt zu manipulieren, sei dir bewusst, dass auch die anderen über so ein Bauchgefühl verfügen.

Wenn dich eine Person besonders stark verletzt hat, ist es wichtig, dich mit jemandem auszutauschen. Das sollte nach Möglichkeit jemand sein, dem du wirklich vertrauen kannst und auf den du dich verlässt.

2. Die Geheimzutaten: Geduld und nicht nachgeben

Wenngleich die gespielte Inkompetenz oder Dummheit für dich vorteilhaft sein kann, kann sie dich in der empfangenden Rolle zur Verzweiflung treiben. Diesem Gefühl darfst du nicht nachgeben. In dem Moment, indem du die Aufgabe des anderen übernimmst oder das Verhalten des anderen bestätigst, hast du die Kontrolle abgegeben und das Manipulationsspiel „verloren".

Worauf die andere Person mit ihren Verhaltensmustern hinaus will, ist meistens klar. Sie möchte sich damit einen Vorteil schaffen. Dementsprechend solltest du handeln oder eben nicht handeln. Wenn du einer Manipulationstechnik zum Opfer zu fallen drohst, ist es häufig hilfreich, die Technik des anderen gegen ihn selbst anzuwenden. Stellen sich beispielsweise beide Personen dumm, muss entweder einer nachgeben oder ein Dritter wird sich der Aufgabe annehmen. Gibst du nicht nach, hast du das Verhalten der anderen Person zwar nicht unterbunden aber trotzdem selbst einen Vorteil daraus gezogen. Darüber hinaus hast du dem anderen die Stirn geboten und damit die Wahrscheinlichkeit reduziert, mit dieser Person wieder in so eine Situation zu geraten.

3. Selbstbewusstsein bekräftigen

Wir alle tragen dieselben Grundbedürfnisse nach Gewissheit, Vielfalt, Bedeutsamkeit und Liebe/ Zugehörigkeit in uns. Das Verlangen nach der Befriedigung dieser Grundbedürfnisse wird auch in Form von Erfolg gestillt. Hierbei, ist ein starkes Auftreten und ein stabiles Selbstbewusstsein unverzichtbar. Persönlichkeitsmerkmale müssen stetig aufgebaut und weiter kultiviert werden.

Je stabiler deine Persönlichkeit und dein Glaube an dich selbst ist, desto besser. Ist deine Persönlichkeit erst einmal gefestigt, wirst du Manipulationen seltener zum Opfer fallen. Da du dich selbst gut kennst, kannst du auch andere Menschen besser beurteilen und so auch ihre wahren Absichten einfacher durchschauen.

Persönlichkeitsmodelle

In diesem Kapitel schauen wir die unterschiedlichen Faktoren, die unsere Persönlichkeit prägen anhand von dem Enneagramm-Modell an. Dieses Modell soll dir einen tieferen Einblick in deine eigenen Muster ermöglichen, indem es Licht auf die Rolle von deinen Veranlagungen, deiner Erziehung wie auch deinen persönlichen Erfahrungen, die dich geprägt haben, wirft. Dieses Verständnis gibt dir nicht nur die Möglichkeit, dich selbst besser zu verstehen, sondern du lernst auch andere in einem anderen Licht zu sehen. So kannst du deine Persönlichkeit dann weiter entwickeln und die Dynamik, die sich zwischen dir und deinen Mitmenschen abspielt, besser verstehen und ebenfalls verfeinern und bewusst steuern. Du kannst dein Potential besser ausschöpfen und blockierende Verhaltensmuster überdenken.

Die Theorie des Enneagramm-Modells

Wir beziehen uns im Folgenden auf die Form und Anwendung des Enneagramm-Modells gemäß Georges I. Gurdjieff. Der genaue Ursprung dieses Modells ist unbekannt und hat sich über die Jahre weiterentwickelt und immer größerer Beliebtheit erfreut. Das Wort Enneagramm hat seinen Ursprung im Altgriechischen und bedeutet übersetzt so viel wie „Neuner- Bild“ oder „Neun Geschriebene“. Heute wird das Prinzip als psychologisches Erkenntnis- und Entwicklungsmodell eingesetzt, um die Charaktermuster, die jeder Mensch in sich trägt, genauer zu beleuchten. Diese Erkenntnis hilft Menschen dann, einen besseren Umgang mit ihren Leidenschaften, Gefühlen und Vorstellungen zu finden oder sich diesen gar erst zum aller ersten Mal völlig bewusst zu werden. Grundsätzlich gibt es gemäß dem Enneagramm-Modell drei Grundrichtungen oder Energiezentren, die unser Verhalten bestimmen: Kopf, Herz oder Bauch. Kopfmenschen haben die Tendenz, Dinge rational zu betrachten und schotten sich eher von ihrem Umfeld ab. Oftmals fällt es ihnen schwerer, mit anderen Menschen in Kontakt zu treten, weil sie hierfür aus ihrer Komfortzone heraustreten müssen. Sie treffen ihre Entscheidungen gerne basierend auf Logik und haben sämtliche Gesichtspunkte und Möglichkeiten genauestens erwägt. Sicherheit und Kompetenz stehen für Kopfmenschen an oberster Stelle. Herzmenschen sind überwiegend emotional gesteuert und haben die Tendenz, nach Anerkennung zu streben. Ihnen ist es besonders wichtig, von anderen gemocht zu werden, sie sind sehr hilfsbereit und sind oftmals sehr einfühlsam und empathisch. Sie unterstehen jedoch der Gefahr, ihre eigenen Bedürfnisse hintenanzustellen und sich zu sehr auf die Erfüllung der Bedürfnisse von anderen zu fokussieren und bleiben somit selbst auf der Strecke oder werden von anderen ausgenutzt. Bauchmenschen schätzen Selbstständigkeit und Autonomie. Sie haben die Tendenz zur Spontanität, sind intuitiv und es fällt ihnen schwer, sich auf Dinge festzulegen und einer Sache verbindlich nachzugehen.

Die Enneagramm-Typen

Kopf-Typen

Der Forscher, Typ 5

Menschen vom Typ 5 sind oftmals Visionäre und Pioniere. Sie sind scharfsinnig, wissbegierig, überaus intelligent, einfallsreich und gehen gerne künstlerischen Aktivitäten nach und sind an Geistes- und Naturwissenschaften interessiert. Sie haben die Tendenz zum Einsiedlerkrebs, da der Ausdruck von Gefühlen für sie sehr problematisch und schwierig ist, und halten andere Menschen daher lieber auf Abstand. Die Raffinesse ihres Geistes ermöglicht ihnen Einblicke in eine völlig andere Welt und sie sind ihrer Zeit daher oftmals voraus. Manchmal führt dies jedoch dazu, dass sie sich in ihren

Gedankenbildern verlieren. Dies kann auf ihre Außenwelt den Anschein haben, dass sie arrogante und abgehobene Persönlichkeiten sind. Dies ist üblicherweise jedoch nicht der Fall. Menschen dieses Persönlichkeitstyps sind eher schüchtern, unaufdringlich, nervös und von einer inneren Unruhe geplagt. Es fällt ihnen extrem schwer, um Hilfe zu bitten und sie projizieren daher zum Schutz das Bild der Gleichgültigkeit nach außen. Generell haben sie einen sehr genügsamen und einfachen Lebensstil, und schafft man es, ihre Schale zu durchbrechen, hat man einen treuen Freund und Partner gewonnen. Um einen Forscher zu manipulieren und so für seine eigenen Zwecke zu gewinnen, muss man in seiner Welt mitspielen. Das heißt zum einen, ihnen auf Augenhöhe zu begegnen und zum anderen, sie so besser kennenzulernen. In der Folge können solche Menschen mit angebotener Hilfe und ausgesprochenem Lob für fast alles begeistert werden. Vorsicht ist geboten, wenn es um tatsächliches Fachwissen geht. Da Forscher einen scharfen Verstand haben, müssen Fakten richtig dargestellt werden können. Diese können jedoch so formuliert werden, dass Freiraum für verschiedene Interpretationen bleibt. Da Forscher eher unflexible Persönlichkeiten zu sein pflegen, lassen sie sich mit Interpretationen einfacher einschüchtern und manipulieren.

Der Loyale, Typ 6

Das zentrale Thema dieses Persönlichkeitstyps ist Angst. Diese Personen neigen dazu, übervorsichtig und skeptisch zu sein und fassen nur sehr langsam und schwierig Vertrauen. Sie testen ihr Gegenüber auf Leib und Seele, und ist dieser Test bestanden, hat man einen durchaus loyalen Freund an seiner Seite. Sie sind dafür aber auch besonders umsichtig und haben die Gabe, wirklich alle problematischen Aspekte einer Situation zu sehen, was sie zu exzellenten Problemlösern macht. Personen mit dieser Persönlichkeitsausprägung haben insbesondere in der heutigen Zeit zu kämpfen, da rascher Wandel, Ungewissheit und Unbeständigkeit ihnen großes Unbehagen bereitet und sie sich in ständiger Sorge befinden. So bleibt leider wenig Raum für Freude und die schönen Dinge des Lebens. Auch stehen Menschen dieses Persönlichkeitstyps generell unter Strom und kommen nur ganz schwierig zur Ruhe. Die übergroße Loyalität kann für Typ 6 auch zum Hindernis werden, da es sie oftmals zu lange in schädlichen und ungesunden Lebenssituationen und Beziehungen verharren lässt. So prüfend und genau dieser Persönlichkeitstyp erscheinen mag, so ungenau wird er, wenn ihm alles recht gemacht wird. Wird nach seinen Spielregeln gespielt und nach seinen Vorstellungen agiert, fasst er allmählich Vertrauen und wird zu einem loyalen Freund. Um einen loyalen Menschen zu manipulieren, kann Vertrauen und Loyalität imitiert werden. Beispielsweise indem ihm in einer schwierigen Situation der Rücken gestärkt wird. Gerade weil diese Menschen zu Unsicherheit neigen, kann dieser Aspekt gekonnt zum Vorspielen falscher Sicherheit genutzt werden. So hat man sie relativ rasch um den Finger gewickelt. Da dieser Persönlichkeitstyp dazu neigt in ungesunden Beziehungen auszuharren, kann er auch einer manipulativen Situation oder Beziehung kaum entfliehen. So kann die Dauer der Manipulation praktisch selbst bestimmt werden.

Der Enthusiast, Typ 7

Die Jagd nach Sinnesfreuden, neuen Herausforderungen, Aufregung und der Fokus auf das Vergnügen sind die zentralen Motivationen dieses Persönlichkeitstyps. Er wird stets von dem Hunger nach mehr angetrieben und hat Schwierigkeiten, sich festzulegen und Dinge konsequent zu verfolgen und zu Ende zu bringen. „Der Enthusiast" befasst sich nicht mehr mit der Vergangenheit, da sie sich ja sowieso nicht mehr ändern lässt. All seine Gedanken drehen sich um die Zukunft und er hat die Idee, dass dort stets ein noch besseres Leben auf ihn wartet. Er zeichnet sich außerdem durch seine Aufgeschlossenheit, Kreativität und seine schier unendliche Energie aus. Typ 7 hat ein überaus positives Selbstbild und auch eine konsequente Ausrichtung auf die positiven Aspekte. Dies ist jedoch kein gesundes Verhalten, da sich dieser Persönlichkeitstyp um keinen Preis mit negativen Emotionen, eigenen Schwachpunkten oder Problemen auseinandersetzen möchte. Er treibt dies sogar bis zu dem Extrem, dass er seine Defizite konsequent leugnet und eine hohe Tendenz zu Suchtverhalten zeigt, da „der Enthusiast" lieber zu Alkohol, Kaufzwang, Esszwang oder anderen Betäubungsmittel und ablenkenden Aktivitäten greift. Dieses Verhalten macht ihn nicht nur für seine eigenen Emotionen taub, es lässt auch keinen Spielraum für Mitgefühl oder Empathie und fördert letztendlich nur das Gefühl der Getrenntheit. Schlussendlich provoziert dieser Persönlichkeitstyp durch dieses Verhalten letztendlich Depressionen und Angstzustände. Da der Enthusiast dem loyalen Typen in einigen Aspekten ähnelt, ist er auch ähnlich leicht zu manipulieren. Seine ständige Jagd nach dem Neuen und Aufregenden bietet eine hervorragende Angriffsfläche. Präsentiert man ihm stetig etwas Neues und Aufregendes, kann er wie ein Esel mit einer Karotte in der Hand geführt werden. Solange das Spiel, der nicht vorhandenen Versprechungen nicht auffliegt, ist dieser Typ sehr leicht für die eigenen Überzeugungen zu manipulieren.

Herz-Typen

Der Helfer, Typ 2

Der andere und all seine Bedürfnisse, Wünsche und Forderungen stehen für diesen Persönlichkeitstypen im Vordergrund. „Der Helfer“ zeichnet sich insbesondere durch seine Warmherzigkeit, Einfühlungsvermögen, Freundlichkeit, Aufrichtigkeit und Großzügigkeit aus. Sie sind außerdem generell eher ruhige, bedachte, introvertierte und gefühlsbetonte Zeitgenossen. Im Extremfall ist ihr ganzes Selbstbewusstsein an die Anerkennung durch Andere gebunden. Sie pflegen und hegen ihre persönlichen Beziehungen mit größter Sorgfalt und Hingabe und sind stets darum bemüht, ein harmonisches Miteinander aufrechtzuerhalten. Dieser Persönlichkeitstyp sucht die Nähe von anderen, weil er das brennende innere Verlangen nach Anerkennung von außen hat. Es ist für ihn eine unentbehrliche Zutat zur Aufwertung des eigenen Selbstwertes. Oftmals ergreifen „Helfer“ dann Berufe im Sozial- und Pflegebereich. In persönlichen Beziehungen fordern diese Persönlichkeitstypen hohe Gegenleistungen in Form von überschwänglicher Dankbarkeit. Entspricht die Form der Anerkennung nicht den Anforderungen und Vorstellungen von Typ 2, verliert er sich in irrationalem Verhalten, manchmal sogar in Hysterie und versucht den anderen dann emotional zu erpressen und zu manipulieren. Wenn diese Selbstaufopferung nicht vollkommen selbstlos ist sondern an eine Kette von Bedingungen geknüpft ist, sind depressive Verstimmungen und Burn-Outs vorprogrammiert, da der „Helfer“ seine eigenen Bedürfnisse fortlaufend ignoriert hat. Dieses Verhalten kann auf Dauer nicht gut gehen und ist zutiefst ungesund. Der Helfer liefert sich der Manipulation geradezu selbst aus. Durch seinen inneren Antrieb, stets helfen zu müssen und auffallend gefühlsbetont zu agieren, muss man bei diesem Typen kaum aktiv werden. Bietet man ihm zwei Möglichkeiten, wird er sich immer für die Möglichkeit entscheiden, die dem anderen hilft oder guttut. Da er kaum Rücksicht auf seinen eigenen seelischen Zustand nimmt, ist der Helfer-Typ das perfekte „Opfer“ für Manipulationen. Meistens merken solche Persönlichkeitstypen viel zu spät, wie schlecht es ihnen selbst geht. Solange er mit Lob, Zuneigung und anderen emotionalen Belohnungen überschüttet wird, wird er sich nicht von einem lösen. Daraus lässt sich auch ableiten, dass sich Helfer unbewusst auf ihr Umfeld verlassen. Denn wenn es dem Helfer einmal zu viel wird, kann er sich nicht selbst zu Hilfe kommen und muss darauf hoffen, dass ihm jemand zur Seite steht.

Der Leistungsmensch, Typ 3

Die Rampensau: Attraktiv, charmant, lebensfroh, voller Energie, charismatisch und selbstbewusst. Anerkennung ist das Lebenselixier für diesen Persönlichkeitstypen und er ist bereit, hart dafür zu arbeiten. Er hat den brennenden Drang, in allen Bereichen der Beste zu sein und kann Gefahr laufen, zu sehr auf sein Image fokussiert zu sein und Statussymbole und seine Karriere über alles andere zu stellen. Typ 3 hat die Gabe, andere Menschen spielend leicht zu begeistern und zu motivieren. Nach Außen erscheint das Leben des „Leistungsmenschen" oft beneidenswert, jedoch kann er im Inneren eine tiefe, irrationale Angst des Scheiterns und Versagens mit sich tragen. Wenn dieser Persönlichkeitstyp nicht gefestigt ist, wird es ihm schwerfallen, sich ganz zu offenbaren und mitzuteilen. Er sehnt sich zutiefst nach echter Nähe und Tiefe in einer Partnerschaft, hat jedoch große Angst, die Masken fallen zu lassen und nackt vor dem anderen zu stehen. Das kann im Extremfall zu einer Verleugnung oder Taubheit gegenüber den eigenen Bedürfnissen führen und in einer Verstrickung aus komplex gewobenen internen Lügenkonstrukten enden. Hat der „Leistungsmensch" seine Mitte jedoch gefunden, ist er ein gefestigter, aufrichtiger und absolut aufrichtiger Mensch mit einer großen Vorbildfunktion, die sehr viel zu bieten hat. Dem Leistungsmensch muss man in die Hände spielen, um ihn manipulieren zu können. Das sollte nicht auf der emotionalen Ebene passieren, sondern primär auf der beruflichen bzw. öffentlichen Ebene. Dort fühlt sich dieser Typ heimisch und bekommt die Aufmerksamkeit, nach der er sich sehnt. Je mehr die Manipulation damit belohnt wird, dass er nach außen hin besser dasteht als vorher, desto erfolgreicher wird die Manipulationverlaufen. Da der Leistungstyp oft unter den verschiedensten Ängsten leidet, können auch diese gezielt angegangen werden. Gibt man ihm zu verstehen, versagt zu haben, wenn er einem nicht nachgibt, wird er umso leichter manipulierbar. Da die Versagensangst ein zentrales Thema dieser Persönlichkeit ist, möchten solche Personen jegliches Versagen um jeden Preis vermeiden.

Der Individualist, Typ 4

Der einzigartige Individualist, der im konstanten Zwiespalt zwischen Überlegenheitsgefühl und Minderwertigkeitsgefühl lebt. Dieser Persönlichkeitstyp fällt auf und sticht aus der Menge heraus. Selbstverwirklichung und Selbstoffenbarung sind die zentralen Lebensthemen von Typ 4. „Der Individualist" hat ein außerordentliches Potential zu extrem inspirierender Individualität, Kreativität und den Mut, Wege für bisher unterschrittene Pfade zu erschaffen. Dieser Persönlichkeitstyp hat durch seine anziehende Eigenwilligkeit etwas Geheimnisvolles an sich. Oft hat er einen Hang zur Melancholie und Selbstmitleid, weil seine innere Gefühlswelt zutiefst komplex ist. Der größte Wunsch und die größte Sehnsucht des „Individualisten" ist, in seiner Nacktheit vollständig akzeptiert zu werden. Einfach so, wie er ist. Ohne besonders sein zu müssen. Menschen des Typ 4 haben auch ein großes Bedürfnis, ihre Innenwelt mit der Außenwelt zu teilen, haben jedoch auch zutiefst Angst, dass andere vermeintliche Mängel und Mankos entdecken könnten. Sie sind äußerst sensibel und haben einen Hang zur Romantik und haben die Tendenz, auf den Ritter auf dem weißen Ross zu warten, als selbst die Initiative aus ihrer Misere zu ergreifen. Je ausgeprägter die Unsicherheit des „Individualisten" ist, desto launenhafter, verletzbarer und minderwertiger können sie sich fühlen. Im äußersten Extrem fühlen sie sich von der Außenwelt komplett ausgeschlossen und missverstanden und geraten in eine Spirale der Selbstzweifel und ziehen sich mehr und mehr zurück. Ist dieser Persönlichkeitstyp jedoch in sich gefestigt, werden oft herausragende Künstler geboren. Stellt man den Individualisten vor neue Aufgaben, die ihn glauben lassen, damit seine Individualität zu beflügeln, ist er sehr leicht lenkbar. Er wird innerlich getrieben von den beiden gegensätzlichen Kräften der Unverwundbarkeit und seinem Minderwertigkeitsgefühl. Dadurch ist dieser Typ in fast jeder Lebenslage manipulierbar. Wenn man diese Personen erst durchschaut hat, kann man ihnen sehr einfach etwas vorspielen. Je nachdem welche der beiden Kräfte bzw. Bedürfnisse gerade aktiv ist, kann die Manipulation dort angesetzt werden.

Da beide Kräfte großes Potenzial für Manipulation bieten, gilt es den Individualisten mit kleinen Gesten zufrieden zu stellen.

Bauch-Typen

Der Reformer, Typ 1

Dieser Typ hat hohe Standards an seine Mitmenschen und auch an sich selbst. Menschen dieses Typs sind sehr idealistisch und haben den ständigen Wunsch, die Welt und Dinge zu verbessern. Sie sind oft eine wertvolle Inspirations- und Antriebsquelle für andere und helfen ihren Mitmenschen, in ihre eigene Schöpfungskraft zu treten und ihr Potential auszunutzen. Ihr extrem hoher Grad an Perfektionismus und ihr scharfer Blick fürs Detail lässt ihnen nichts entkommen. So stechen für sie ihre eigenen Makel und die ihrer Mitmenschen manchmal schon fast schmerzhaft heraus. Der Reformer ist stets bemüht, Chaos zu reduzieren und (für ihn) sinnvolle Strukturen zu etablieren. Sie haben oftmals die Tendenz zum Workaholic und sind sehr loyale und verlässliche Genossen mit einem Hang zur Ernsthaftigkeit und Geradlinigkeit. Diese Eigenschaften kommen dem Typ 1 jedoch nicht immer nur zugute. Er kämpft unerbittlich für seine Ziele und vergisst dabei manchmal, das Leben zu genießen und mit Leichtigkeit zu nehmen. Er kann eine regelrechte besessene

Verbissenheit an den Tag legen, in dem er sich schlichtweg alle Vergnügungen des Lebens verbietet. Reformer können mit Gefühlen nicht allzu viel anfangen, weil sie für sie eine Schwäche darstellen, die am besten nicht offen kommuniziert oder gezeigt wird. Der Perfektionszwang des Reformers ist seine größte Schwäche, die sich sehr einfach ausnutzen lässt. Wird ihm offenkundig etwas als fehlerhaft vorgestellt, kann er nicht anders als es auszubessern. Da er unter diesem Zwang kaum sieht, was um ihn geschieht und darüber hinaus nicht emotional getrieben ist, erkennt er Manipulationen nicht.

Der Herausfordernde, Typ 8

Nur uneingeschränkte Unabhängigkeit bringt wahren Frieden. Die treibende Kraft dieser Persönlichkeitstypen ist das Streben nach Autonomie und Selbstbestimmtheit. Sie sind sehr von sich selbst überzeugt und wollen das Maximale aus dem Leben herausholen. Finanzielle Unabhängigkeit, Führungspositionen in Angestelltenverhältnissen und starke körperliche Triebe sind die Eckpfeiler im Leben des Typ 8 Menschen. Sie versuchen mit allen Mitteln, die volle Kontrolle über ihr Leben zu haben und immer alles genau vorauszuplanen, um auf Nummer sicher zu gehen. Der „Herausfordernde" hat große Mauern und einen Ring aus Feuer um sich etabliert, um sich vor emotionalen Verletzungen zu schützen. Fühlen sie sich angegriffen, bedeutet das oft ungebändigte Zornes- oder Wutattacken und intensive Wellen an Ärger. Im Extremfall genießt dieser Persönlichkeitstyp es, andere niederzutrampeln und bewusst zu verletzen. In diesem Zustand können sie ernsthaft brutal, grausam und gefährlich sein. Es kann auch sein, dass Menschen dieses Persönlichkeitstypen auch aggressive und gewalttätige Tendenzen in sich tragen. Sie haben aber auch eine extrem tiefe und sensible Seite, die sie allerdings nur zum Vorschein kommen lassen, wenn sie sich absolut sicher fühlen. Wenn sie ihre Schutzrüstung erst einmal heruntergelassen haben und einen anderen richtig in ihr Leben aufgenommen und ins Herz geschlossen haben, sind sie ein unerschütterlicher Verbündeter, treuer Freund und kämpfender Beschützer. Sie verzeihen Fehler dann auch häufig und großzügig, weil der andere unter ihrem Schutz steht - und dieser Schutz schließt Schutz vor Wutausbrüchen des Persönlichkeitstyps selbst mit ein. Dieser Typ kann nicht einfach manipuliert werden, wenn er in sich selbst gefestigt ist. Aber jeder Mensch trägt eine Angst in sich, die eine Schwachstelle zur Manipulation bietet. Auf emotionaler Ebene ist der herausfordernde Typ am ehesten manipulierbar, da er sich bei Wut- und Aggressionsausbrüchen kaum beherrschen kann. Gießt man hier Öl ins Feuer hat man den herausfordernden Typen erfolgreich manipuliert und eine unsagbare Kraft entfesselt.

Aber Vorsicht: Man muss sich dessen bewusst sein, dass ein solcher Typ auch kontrollierbar bleiben muss, um das Manipulationsspiel als Erfolg betrachten zu können. In dem Moment, indem man die Kontrolle über eine solche Person verliert, kann die Wut schnell gegen einen selbst gerichtet werden und immensen Schaden anrichten.

Der Friedliebende, Typ 9

Harmonie um jeden Preis und eine starke Verbundenheit mit der Natur beschreibt die zentrale Lebensausrichtung dieses Persönlichkeitstypen. Sie haben ein Grundvertrauen, dass sich alles immer zum Guten wenden wird. Konflikte verabscheuen sie zutiefst und wissen auch nicht mit ihnen umzugehen und vermeiden sie daher so gut es geht. Das bringt sie allerdings in eine große Zwickmühle, da das tägliche Leben in der Regel von mehreren kleinen bis größere Konflikte geprägt ist. Oftmals entscheidet sich der „Friedliebende" daher, sich vollständig von der Außenwelt zurückzuziehen, um keinerlei Konfliktpotential im Außen und Innen zu begegnen. Bei Gruppenaktivitäten halten sie sich eher am Rande und sind stille Mitläufer, um so wenig Aufsehen wie nur möglich zu erregen. Generell hat dieser Persönlichkeitstyp einen freundlichen, friedlichen, toleranten, liebevollen und bescheidenen Charakter. Menschen mit Typ 9 unterschätzen ihre Fähigkeiten oft und verkaufen sich unter Wert, da sie nur über ein sehr geringes bis kaum vorhandenes Selbstwertgefühl verfügen. Dieses innere Selbstbild wird dann oft im Außen von Anderen übernommen und vermittelt dem "Friedliebenden" das Gefühl, übersehen zu werden. Infolgedessen baut sich innerlich unterschwellig Ärger und eine tiefe Traurigkeit auf, weil er sich zutiefst wünscht, gesehen und angenommen zu werden, Teil von etwas zu sein. Sie haben jedoch kein klares Gefühl über ihre eigene Identität und stehen nicht in Verbindung mit ihren Bedürfnissen. In Partnerschaften verschmilzt dieser Persönlichkeitstyp förmlich mit dem Partner und übernimmt seine Eigenschaften. Die Toleranz und das mangelnde Selbstwertgefühl bieten einen hervorragenden Nährboden für Manipulationen. Gibt man dem friedliebenden Typen das Gefühl, dazu zu gehören, hat man ein loyales Opfer gefunden. Da sie sich einem vollständig anpassen wollen, werden sie sich auch der Manipulation nie wirklich bewusst. Erst durch einen unabhängigen Dritten kann das Spiel auffliegen und die friedliebende Persönlichkeit der Situation entkommen.

„Aus deinen Schwachstellen wird

deine Stärke hervorgehen."

Sigmund Freud

Neuro-Linguistisches Programmieren (NLP)

Was ist NLP?

Das Neuro-Linguistische Programmieren, kurz NLP, hat seinen Ursprung Mitte der 90iger und ist von den Forschern John Grinder (*1939), Frank Pucelik (*1945) und Richard Bandler (*1950), entwickelt worden. Das Forscherteam war von folgender Fragestellung fasziniert: Was unterscheidet zwei Menschen voneinander, die in gleichen Bereichen vollkommen unterschiedliche Ergebnisse erzielen? Was macht Person A so erfolgreich, dass sie kontinuierlich überdurchschnittliche Ergebnisse erzielt, während Person B nur durchschnittliche oder gar unterdurchschnittliche Leistungen erzielt?

NLP beschäftigt sich mit unserer Sprache und unserer Art und Weise zu kommunizieren und unterstellt, dass jede Nuance dieser Aspekte einen Einfluss auf die subjektive Wahrnehmung von Menschen hat. Diese Wahrnehmung kann stark variieren, obwohl dasselbe Erlebnis zugrunde liegt. Aufgrund unserer Konditionierungen und

Lebenserfahrungen nehmen wir bestimmte Situationen, uns selbst, unsere Beziehungen, das Verhalten von Anderen und unseren Alltag im Allgemeinen auf unterschiedlichste Art und Weise wahr. Dabei kann ein und dasselbe Ereignis, bspw. Geschirrspülen, von uns selbst jedes Mal vollkommen unterschiedlich wahrgenommen und eingeordnet werden. An einem Tag empfinden wir die Tätigkeit als wohltuend und angenehmem und haben Spaß dabei, und an einem anderen Tag empfinden wir dieselbe Tätigkeit als ermüdend, belastend und energieraubend. Die Wahrnehmung von unserem Umfeld wird also weitestgehend von unserer inneren Wahrnehmung bestimmt. Sprich was wir für Gedanken in diesem Moment haben, wie wir uns allgemein fühlen und was für eine Bedeutung wir diesen Gefühlen zuordnen, formt unsere aktuelle Wahrnehmung.

N steht für „Neuro“ und bilden alle Strategien, die wir anwenden, um unsere Ziele zu erreichen. Unsere Strategien stehen zwangsläufig immer mit unserem Nervensystem, Gehirn, Rückenmark und den fünf Sinnen (Hören, Schmecken, Sehen, Riechen und Fühlen) in Verbindung. NLP hilft dir dabei, deine Wahrnehmung zu verstärken und zu differenzieren. Die Kernbotschaft und Goldene Faustregel lautet Hierbei: Wenn du im Einklang mit dir selbst bist und deinen Fokus auf das Ziel anstatt auf das

Problem richtest, hast du die Basis für die Veränderung für unerwünschte Gefühle und Verhaltensmuster geschaffen.

L steht für „Linguistik“, sprich dem sprachlichen Aspekt. Menschliche Kommunikation verläuft immer in zwei Richtungen: Kommunikation nach außen mit unserer Umwelt, und Kommunikation derselben Situation nach innen, zu uns selbst. Diese zweigleisige Kommunikation desselben Ereignisses kann zu Verwirrung und Durcheinander führen und Informationen können vertauscht, vergessen oder falsch weiter an unser Gehirn gegeben werden. NLP hilft dir, eine einfachere und kohärente Art der Kommunikation nach Innen und Außen zu etablieren, um mehr Einklang und Harmonie zu schaffen.

P steht für „Programmieren“ und bezieht sich auf die Methoden und Werkzeuge, die wir einsetzen, um uns selbst besser zu verstehen und unsere Verhaltensweisen in die richtige Richtung zu lenken.

NLP ist der Frage nachgegangen, welche Faktoren Einfluss auf unser Erleben nehmen, ob wir diese bewusst steuern und beeinflussen können und wie wir unsere Erfahrungen (bewusst oder unbewusst) selbst kreieren. Ein wesentlicher Faktor für unser Erleben ist die Kommunikation. Wir stehen permanent in Kommunikation mit unserer Umwelt. Kommunikation ist ein essentieller und natürlicher Bestandteil der menschlichen Existenz. Genau genommen können wir einfach nicht nicht kommunizieren. Wir senden permanent Signale und Botschaften an unsere Umwelt und unsere Mitmenschen über unsere Sprache oder aber auch über non-verbale Kommunikationsformen wie Mimik, Gestik, Tonfall und sogar Schweigen aus. Wäre es vor diesem Hintergrund nicht interessant zu wissen, was wir für Kommunikationsmuster verwenden, ob es Überschneidungen gibt, und ob und wieviel Macht diese Muster über unsere Entscheidungen und unser Wohlbefinden und somit überall unser Denken und Handeln hat? NLP hat sich genau mit dieser Fragestellung beschäftigt und unterschiedliche Strategien entwickelt, um Menschen Zugänge zu außergewöhnlichen Fähigkeiten und Leistungen zu eröffnen. Das Anwendungsgebiet von NLP ist dabei weit umfassend: Sport, Wirtschaft, Gesundheit, Psychotherapie, Pädagogik, Wirtschaft oder in kreativen Prozessen.

Die Vorannahmen des NLP

Das Trio-Forscherteam hat herausgefunden, dass gewisse Vorannahmen außergewöhnliche Ergebnisse erzielen. Diese Vorannahmen bieten die Grundlage für die Methoden und Verfahren, die heutzutage im NLP angewendet werden. NLP ist aber mehr als eine generelle

Haltung oder Einstellung, die wir einnehmen können zu verstehen, als eine lose Sammlung wirksamer Werkzeuge und Techniken. Je mehr wir diese Prinzipien verinnerlicht und verstanden haben, umso natürlicher gestalten wir unser Leben um sie herum und können somit spielend leicht ein erfülltes und selbstbestimmtes Leben führen.

Wir haben dir nachfolgend die wichtigsten Vorannahmen aufgelistet:

- Jeder Mensch ist lernfähig und kann alles erreichen. Es erfordert lediglich eine Strategie, die Aufgaben in machbare Zwischenschritte herunterzubrechen, um neue Denk- und Verhaltensmuster zu etablieren.
- Die Bedeutung der Kommunikation im Außen ergibt sich aus der Reaktion, die sie in uns hervorruft und ist vollkommen unabhängig von der Absicht des Senders.
- Menschen stehen immer in Kommunikation mit ihrem Umfeld. Auch non-verbale Kommunikation vermittelt eine bestimmte Botschaft.
- Jeder Mensch ist absolut einzigartig und erlebt die Welt auf seine ganz individuelle Art und Weise.
- Menschen können mehr Selbstbewusstsein und Flexibilität durch mehr Wahlmöglichkeiten

erlangen. Keine Wahlmöglichkeit zu haben engt ein und vermittelt das Gefühl der Hilflosigkeit.

- Jeder Mensch hat seine einzige Art und Weise in der Welt zu agieren und zu handeln.
- Jede Verhaltensform basiert letztendlich auf einer positiven Absicht von der Person, die dieses Verhalten auslebt.
- Geist, Körper und Umwelt sind unweigerlich miteinander verbunden und bilden ein einheitliches System.
- Unser psychisches und physisches Wohlbefinden wird durch unsere geistige Einstellung bestimmt.
- Unsere Handlungen können jedoch genauso Einfluss auf unser Denken nehmen und es somit verändern.
- Das menschliche Verhalten und die Interpretation der Kommunikation im Außen basiert auf den individuellen Vorstellungen und Werten, die sich ein Mensch im Laufe seines Lebens geformt hat und orientiert sich selten an der Welt und an den Geschehnissen, wie sie sich gerade jetzt in diesem Moment ereignen.
- Menschen treffen ihre Entscheidungen anhand der ihnen zur Verfügung stehenden Wahlmöglichkeiten und wählen die für sie beste Option. Es gibt also an sich keine falsche oder schlechte Wahl, sondern eher ein Mangel an Optionen.

- Jeder Mensch ist in sich vollständig, kreativ und besitzt alle Ressourcen, die für seine individuelle Transformation erforderlich sind.
- Es gibt kein Versagen, sondern nur Feedback, um seiner besten Variante näher zu kommen.
- Wenn das, was du tust, nicht funktioniert, tue etwas anderes.

Methoden & Techniken von NLP

Alle NLP-Methoden und Techniken sollen Menschen dabei helfen zu erkennen, was für Auswirkungen ihre Worte und ihre Körpersprache haben. Richtig eingesetzt sind diese beiden Faktoren wichtige Wegweiser, um das eigene Leben nachhaltig zu verändern. In NLP spricht man in diesem Zusammenhang von Wahrnehmung, Rapport und Kalibrierung. Sind diese zwei Formen der Kommunikation gemeistert, wird man keiner Manipulationsmasche mehr zum Opfer fallen. Diese Fähigkeiten ermöglichen es einem, andere in ihrer Wahrnehmung zu treffen. So kann eine echte Begegnung zwischen zwei Menschen stattfinden, anstatt ein Aufeinandertreffen von zwei unterschiedlichen Vorstellungen. Andere Methoden und Techniken sollen das eigene Selbstwertgefühl steigern, damit man sich einfach wohl in seiner Haut fühlt. So kann man bewusster auf unangenehme Lebenssituationen reagieren und klar und deutlich mit anderen kommunizieren. Es gibt auch einige NLP-Methoden, die Strategien zur Steuerung und Kontrolle des menschlichen Verhaltens beinhalten. Sie dienen vor allem zur Optimierung von Motivations-, Flexibilitäts-, Kreativitäts- und Entscheidungsprozessen. Das Prinzip ist dabei sehr simpel: Man sucht sich einen Menschen aus, der Höchstleistungen in seinem Leben erbracht hat und studiert seine Muster und kopiert diese dann. Eine weitere Art von NLP-Techniken widmet sich dem Thema der individuellen Realitätswahrnehmung und was für Faktoren wir nutzen, um unsere individuelle Realität zu erstellen. Man lernt hier im Wesentlichen, außerhalb der Box zu denken, um so seine eigene Sichtweise zu verändern und sich neuen Möglichkeiten zu öffnen.

Wir schauen uns nun im Folgenden die wichtigsten Methoden und Techniken an:

Ankern

Ankern beruht auf dem Prinzip der klassischen Konditionierung gemäß dem russischen Mediziner und Physiologen Iwan Petrowitsch Pawlow. Sein bekanntestes Forschungsergebnis ist der „Pawlowsche Hund“: Bei dieser Arbeit stellte er fest, dass die Speichelsekretion eines Hundes durch einen Reiz ausgelöst wird, und nicht erst während des tatsächlichen Fressvorgangs einsetzt. Der

Anblick der Nahrung oder auch ein anderer Reiz, der regelmäßig in Verbindung mit der Fütterung gesetzt wird, reicht aus, um die Speichelsekretion anzuregen. Pawlow hat also belegt, dass wir gezielte Reiz-Reaktions-Kopplungen erschaffen können. Im NLP wird dieses Prinzip genutzt, um förderliche, positive, lebensbejahende und motivierende Gefühlszustände gezielt herzustellen und diese Gefühle dann zu speichern, um sie bei Bedarf wieder abzurufen und so den eigenen Ressourcenpool anzusprechen und so Aufgaben und Situationen besser zu meistern. Wir sind pausenlos von Ankern umgeben und stehen unter ihrem Einfluss. Die Werbewelt hat sich dieses Prinzip ebenso zu Nutzen gemacht und es in seine Logos und Slogans eingebaut, bspw. „Mc Donalds - Einfach gut.", „Nike - Just do it.", „Bosch - Technik fürs Leben." Seine eigenen Anker zu kennen und sie bewusst zu wählen ist ein wichtiger Schritt, um sein Leben selbst in die Hand zu nehmen und sich von Manipulationen zu befreien. Anker können dabei ganz simple Dinge wie ein bestimmtes Lied, bestimmte Gerüche, ein Verkehrszeichen, eine Farbe, bestimmte Stimmen, Berührungen, Orte, etc. sein. Grundsätzlich kann jeder Sinneseindruck (Geste, Berührung, Bild, Ton, Wort oder Geruch) als Anker eingesetzt werden. Ein Anker ist besonders wirkungsvoll und effektiv, wenn er mit einem intensiven Gefühlszustand verbunden wird. Dies kann zum Beispiel das Lied sein, das du gehört hast, als du einen besonderen Moment mit deinem Partner hattest. Oder das Gute Nacht Lied oder die Gute Nacht Geschichte, die dir deine Eltern als Kind erzählt haben.

Die Fähigkeit unsere Gefühlszustände bewusst zu bestimmen ist ein wertvolles Werkzeug für unser Leben, da es uns ermöglicht, Stress und Ängste zu überwinden oder Liebe und Selbstbewusstsein zu stärken. Da unser Körper unweigerlich mit unserem Geist verbunden ist, können wir durch Veränderung unserer Physiologie unser Gefühlszustand ebenfalls verändern.

Klarer Weise bietet die Technik des Ankerns bzw. klassische Konditionierung auch Möglichkeiten zur Manipulation. Wird von einem Menschen beispielsweise verlangt zu lügen, kann er darauf konditioniert werden. Wird er für jede Lüge belohnt, verbindet der Mensch das Lügen mit einem positiven Gefühl. Das kann so weit gehen, dass es sich für ihn richtig anfühlt und er sich bewusst für Lügen entscheiden wird.

Diese Belohnungen müssen für die Person offensichtlich und subtil zugleich sein, um ihre volle Wirkung zu entfalten. Auch muss die Belohnung sofort erfolgen, um eine positive Konditionierung zu bewirken.

Fast-Phobia

Phobien sind starke, unkontrollierbare Angstreaktionen. Die betroffene Person ist sich über den Trigger der Phobie bewusst, bspw. Spinnenphobie, Höhenphobie, etc. und weiß auf kognitiver Ebene auch, dass diese Angstreaktion übertrieben und nicht gerechtfertigt ist, weil keine akute Gefahr besteht. Sobald der innere Film jedoch gestartet ist, hat die Person keine Kontrolle mehr und kann ihn nicht mehr stoppen. Der natürliche Instinkt, sich aus dieser Situation zu entziehen ist blockiert und die Person ist im Zweifel körperlich paralysiert. Phobien sind in der Regel ein Ergebnis von dramatischen Erlebnissen. Diese Erlebnisse müssen wir jedoch nicht einmal direkt erfahren haben, wir können sie auch nur aus einer beobachtenden Position von einer fiktiven Situation, bspw. durch einen Film, erfahren. Die NLP-Technik „Fast-Phobia" soll dem Betroffenen helfen, den inneren Film in nur zwei Schritten aufzulösen:

1. Zunächst wird eine detaillierte Vorstellung einer phobischen Situation als schwarz-weiß Film mit einer dissoziierten Haltung in chronologischer Abfolge abgerufen. Diese Situation wird dann bis zu ihrem äußeren Punkt, an dem der Schmerz und die Angst ihren Höhepunkt erreichen, durchlaufen.

Sobald der Höhepunkt erreicht ist, wird der Film gestoppt und es folgt ein Szenenwechsel.

2. Der Betroffene bringt sich nun bewusst in die Situation und assoziiert sich so gut wie möglich mit ihr und bringt Farbe in den Film, um sie lebendiger werden zu lassen. Dann läuft er die Situation mit äußerstem Bewusstsein in umgekehrter Reihenfolge wieder durch.

Dieser Vorgang wird drei- bis fünfmal wiederholt und verspricht, die Phoebe aufzulösen. Dies kannst du testen, indem du nochmals mit Schritt eins beginnst, und beobachtest, ob du noch immer so eine starke physische Reaktion hast und noch immer in einen Phoebe-Zustand versetzt wirst. Sollte dies der Fall sein, dann liegt dieser Angst wahrscheinlich eine andere, vermutlicher tiefer liegende Ursache zu Grunde.

Wird Fast-Phobia als Überzeugungstechnik eingesetzt, wird auf die Verzweiflung der Person abgezielt. Je länger die Person sich in dem Gefühlszustand der Verzweiflung befindet, desto eher wird sie gefügig, da sie aus dem Gefühlszustand so schnell wie nur möglich entkommen möchte. Nicht umsonst werden solchen Techniken als Folter bezeichnet.

Im Alltag kann Fast-Phobia ausschließlich in milderen Ausführungen ausgeführt werden. Leidet eine Person unter einer starken Spinnenphobie, kann man das zu seinem Vorteil nutzen. Man setzt diese Person „zufällig" einer Situation aus, in der sie mit ihrer Phobie konfrontiert wird und der sie nicht ohne Hilfe entfliehen kann. Setzt die Phase der Verzweiflung ein, wird die Person fast alles tun, was von ihr verlangt wird.

Meta-Modell

Das Meta-Modell befasst sich mit der Rückgewinnung von verloren gegangenen Informationen oder den Sprachmustern, auf die wir gewohnheitsmäßig zurückgreifen. Der von uns gewählte Inhalt, den wir mit anderen kommunizieren, beruht auf einer Reihe von bewussten und unbewussten Wahlen. Diese natürliche Selektion führt dazu, dass wir unsere eigentliche Nachricht verzerren oder verallgemeinern und wir ihre Bedeutung nicht klar vermitteln. Wenn wir uns in schwierigen, unzufriedenstellenden, emotionalen oder gar gefährlichen Situationen befinden, wird dieser Filterungsprozess sehr verengt und wir verlieren wichtige Informationen. Für uns selbst und natürlich auch für den anderen. Das Meta-Modell hilft durch systematische Ansätze, die Verbindung zwischen Sprache und Erfahrung wiederherzustellen und bringt den Betroffenen so in seine Kraft zurück.

Wir schauen uns im Folgenden nun drei unterschiedliche Verarbeitungsprozesse an, damit du deine eigenen Prozesse besser verstehen kannst und auch die Dynamik mit deinem Gegenüber besser verstehen und so gezielter und klarer kommunizieren kannst.

1. **Tilgung:** Klarheit, Prägnanz und Kürze sind die Kernbedürfnisse der Personen mit diesem Verhaltensmuster. Zu viele Informationen überfordern sie. Sie sind lediglich am Ergebnis bzw. der Anforderung interessiert und benötigen keine Details über den Vorgang. Kernfragen sind „Wer hat was getan?" „Wem oder was wurde etwas getan?" Wo? Wann? Wie? Wie oft/ Wieviel? Will man darauf abzielen, die Person unter Druck zu setzen, nutzt man die gezielte Überforderung als Druckmittel. Je mehr Informationen, Ausschweifungen und Details in einer Aussage verpackt sind, desto eher wird sich die Person hilfesuchend an einen wenden. Das letzte Beispiel skizziert nur im Kleinen, wie man so etwas gestalten kann. Viele Worte, die schnell gesprochen werde und ein paar Seitenhiebe enthalten, stellen ein gutes Grundgerüst für eine verbale Überforderung dar.

Beispiele

„Ich freue mich." - Es fehlt die Angabe, worüber sich die Person freut.

„Ich habe Angst." - Es fehlt die Angabe, wovor sich die Person fürchtet.

„Claudia hat doch sowieso keine Zeit." - Es fehlt die Angabe, wofür Claudia keine Zeit hat.

„Claudia, ich habe Angst, weil ich keine Zeit habe. Ich habe so viel in der Arbeit zu tun und muss noch den Haushalt erledigen, aber ich würde mich freuen, wenn wir das noch gemeinsam machen könnten. Das liegt natürlich an dir, dass das so stressig ist. Du setzt mich ja richtig unter Druck"

2. **Generalisierung:** Ganz oder gar nicht, schwarz oder weiß lautet die Devise dieser Personen. Regeln müssen befolgt werden, damit man glücklich ist. Diese Personen lassen keinerlei Spielraum für andere Möglichkeiten, wodurch sie bei anderen oft anecken. Dadurch schafft man sich aber auch eine gute Grundlage, um andere zu manipulieren. Je allgemeingültiger eine Aussage formuliert wird, desto eher muss der andere seine Meinung äußern. Dadurch hat man das Gespräch schon ins Rollen

gebracht und kann die andere Person dazu bringen, seine eigenen Aussagen anzuzweifeln. Dazu kommt, dass solche Kommentare die andere Person auch dazu bringen Über das Gesagte nachzudenken oder es auf verschiedene Arten zu interpretieren.

Beispiele

„Meine Meinung wird von niemandem wahrgenommen und interessiert auch niemanden." - Von wem wird die Meinung der betroffenen Person nicht wahrgenommen?

„Wir sollten damit nun aufhören." - Wer genau soll mit was aufhören?

„Hunde sind treuere Gefährten als Katzen." - Alle Hunde? Was macht Katzen nicht treu?

„Menschen sind einfach von Grund auf schlecht." - Gibt es wirklich keine Ausnahme? Ist die betroffene Person dann also selbst auch schlecht?

„Also ich mache ja nie Fehler." - Es gab in dem Leben der Person also noch keine einzige Situation, in der ihr ein Fehler unterlaufen ist?

„Mein Partner liebt mich nicht mehr." - Liebt die betroffene Person selbst ihren Partner?

3. Verzerrung: Die Erlebnisse dieser Personen unterliegen grundlegend zwei Extremen: entweder ist alles super und sie tragen die rosarote Brille oder sie sind zutiefst betrübt und sehen die Welt nur schwarz. Dies führt generell zu Normalisierungen oder Vorannahmen. Sie haben sehr genaue Vorstellungen von der Welt, sprechen diese aber niemals offen aus. Sie meinen vermutlich zu wissen, was der andere denkt, fühlt und möchte. Sie selbst begeben sich jedoch lieber in die passive Rolle des Opfers, weil sie davon überzeugt sind, dass äußere Ereignisse den inneren Zustand beeinflussen. Eine Verzerrung kann aber auch von außen herbeigeführt werden. Werden falsche Tatsachen präsentiert, die genau auf diese Person zugeschnitten sind, empfindet die Person das als positiv und steigt auf das Thema ein. Da sich solche Personen in der passiven Rolle wohlfühlen, eignen sie sich hervorragend als Mitläufer, die nur passiven Schaden verursachen. Die Beispiele können, wenn sie unterschiedlich betont werden, ganz andere Bedeutungen bekommen und eigenen sich so auch zur Manipulation.

Beispiele

„Ich bin voller Hoffnung.“ - Es fehlt die Angabe, worauf die Person hofft.

„Die Entscheidung, nicht nach Berlin zu ziehen macht mir sehr zu schaffen.“ - Was sind die Gründe dafür? Was hindert die Person, nach Berlin zu gehen?

„Wenn du clever bist, wirst du diesem Ratschlag folgen.“ - Wieso sollte die Person nicht clever sein?

„Du bist genauso gemein wie deine Mutter!“ - Was sind die Gründe, dass die Mutter der Person gemein ist?

Ziel des Meta-Modells ist es also, Klarheit und Präzision in die Kommunikation von zwei Personen (oder mehreren) zu bringen, damit eine richtige Unterhaltung mit empathischem Zuhören und Verstehen stattfinden kann. Es ist also ein Modell, das den Bewusstwerdungsprozess unterstützt. Allerdings bietet bereits das Wissen darüber eine Reihe an Werkzeugen, mit denen bewusst gegen den Bewusstwerdungsprozess angegangen werden kann. Je unklarer und unpräziser kommuniziert wird, desto höher ist die Wahrscheinlichkeit, dass Missverständnisse aufkommen. Da sich dessen wenige Menschen bewusst sind, sind sie dadurch auch sehr leicht manipulierbar.

Milton-Modell

Das Milton-Modell ist das Spiegelmodell des Meta-Modells. Es versucht, Assoziationen und versteckte innere Ressourcen anzusprechen, in dem es bewusst Informationen auslässt und eine unspezifische Sprache wählt. Oft werden die Betroffenen durch eine Hypnose-Sprache in eine Art Trance-Zustand versetzt, damit sie sich mit ihrer Intuition, ihrem Bauchgefühl, der inneren Weisheit verbinden können und den rationalen Verstand für einen Moment beiseitelegen. Es kommen wie beim Meta-Modell dieselben drei Verhaltensprozesse zum Einsatz, jedoch mit einer vollkommen anderen Verwendung. Dieses Modell kann auch dazu genutzt werden, Personen Dinge einzureden und sie dadurch zu manipulieren. Die Beispiele hierzu können wieder wohlwollend oder auch manipulierend gelesen werden.

Beispiele

„Tief in deinem Inneren hast du das Gefühl, dass dir alle Türen offenstehen. Und du hast eine Ahnung, dass du alles, was du anpacken möchtest und dir vornimmst, schaffen wirst. Deine Eltern, deine Freunde, deine Familie und deine Lehrer haben dir genau dies schon immer gesagt. Du kannst daher nun…“

„Lausche ganz entspannt und ruhig meiner Stimme und lasse dich von ihr weiter öffnen und tiefer entspannen. Du lässt mehr und mehr los und wirst kann weich und es breitet sich langsam ein wohliges Gefühl in dir aus. Du fühlst dich gut. In diesem stillen Zustand kannst du nun die Nachricht empfangen, die dir dein Herz mitteilen möchte. Folge dieser Stimme, du brauchst mir nicht mehr weiter zuzuhören."

Rapport

Vertrauen ist die Voraussetzung für jede menschliche Beziehung und bestimmt die Art der Kommunikation. Manchmal begegnen wir Menschen und haben das Gefühl, mit diesen Menschen auf einer Wellenlänge zu sein. Rapport formt sich also auf natürlich Weise, kann aber auch als bewusste Methode eingesetzt werden, um eine vertrauensvolle Brücke zwischen zwei Menschen zu schaffen. Das Grundprinzip ist das Anpassen an das Gegenüber, das im Wesentlichen durch drei Tools aufgebaut werden kann. Auch als Manipulationstool können diese Techniken genutzt werden. In diesem Beispiel wird Vertrauen vorgegaukelt. Denn je ähnlicher man sich seinem Gegenüber verhält, desto eher glaubt die Person, dass man vieles gemeinsam hat. Dadurch erkennen sie nicht, dass sie manipuliert werden und lassen sich sehr einfach lenken.

1. **Spiegeln:** Sprichwörtliches Kopieren der Haltung, Gestik, Atmung, Mimik, Bewegungen oder Gewichtsverlagerungen, etc. des Gegenübers. Man verhält sich wie ein stiller See, der einfach das Abbild der Objekte, die sich über ihm befinden, spiegelt.

2. **Pacing:** Dieses Tool wird eingesetzt, um das visuelle und auditive Ausdrucksverhalten des anderen zu spiegeln. Sprich, man passt sich an das Sprechtempo, die Tonlage, die Tonlautstärke und den Sprachgebrauch des anderen an.

3. **Matching:** Ist eine Erweiterung von Pacing und umfasst auch die Anpassung an den Sprachstil und das Sprachmuster des anderen.

Reframing

Wir geben allen Erlebnissen, Aussagen oder Verhaltensweisen eine Bedeutung innerhalb eines von uns definierten Rahmens. Dieser bestimmt im Wesentlichen, in was für einen Kontext wir das Erlebte setzen. Reframing ist also eine Methode, einen neuen Rahmen zu definieren und die menschliche Fähigkeit, Bedeutungen flexibel zu sehen und einen Sachverhalt aus unterschiedlichen Perspektiven zu beleuchten, anzusprechen. Eine alte chinesische Geschichte der Lehren des Tao verdeutlicht uns die Wichtigkeit, Bedeutungen flexibel zu sehen und mindestens immer zwei unterschiedliche Bedeutungen in Betracht zu ziehen. Die Geschichte erzählt von einem alten, genügsamen Bauern. Er zählte in der armen Dorfgemeinschaft zu den eher Wohlhabenden, da er im Besitz eines Pferdes war, das er für seine Feldarbeit einsetzen konnte. Eines Tages lief das Pferd davon. Alle Dorfbewohner bemitleideten den Bauern zutiefst und bekräftigten, was für ein Schicksalsschlag das sei. Der Bauer hingegen meinte nur „Wer weiß, wozu es gut ist." Ein paar Tage später kehrte das Pferd mit zwei Wildpferden zurück. Die Begeisterung im Dorf war sehr groß und alle freuten sich für den Bauern und beglückwünschten ihn zu seinem Segen. Dieser erwiderte jedoch wieder nur „Wer weiß, wozu es gut ist. Ein paar Tage später wollte der jüngste Sohn des Bauern eines der Wildpferde reiten und wurde von dem Pferd abgeworfen und brach sich das Bein. Die Dorfbewohner waren entsetzt über diesen Unfall, der Bauer entgegnete erneut „Wer weiß, wozu es gut ist." Ein paar Tage später kamen die Rekrutieroffiziere der Armee ins Dorf, um alle kriegsfähigen Männer mitzunehmen. Da der Sohn des Bauern ein gebrochenes Bein hatte, wurde er verschont. Das ganze Dorf war voller Erleichterung und freute sich für die Familie, der Bauer kommentierte jedoch nur „Wer weiß, wozu es gut ist."

Wie können wir diese Geschichte auf unseren Alltag übertragen? Ein typisches Beispiel wäre, dass die Mutter ständig um das Wohl der Familie besorgt ist. Die Familienmitglieder nehmen diese Fürsorge eventuell aber als Nörgelei und Kontrolle wahr und sind der Mutter daher missmutig eingestellt. Diese möchte jedoch durch dieses Verhalten nur zeigen, wie wichtig ihr die Familie ist und wie sehr sie alle Mitglieder schätzt und liebt. Der Vater wiederum ist vielleicht sehr selten Zuhause, da er viel arbeitet. Kinder und Frau fühlen sich daher vernachlässigt und wünschen sich mehr gemeinsame Aktivitäten mit dem Vater. Der Vater möchte durch seine harte Arbeit genügend Geld für die Familie einbringen, um ihnen ein schönes Leben bieten zu können, dass er sich für sie wünscht, da er sie liebt.

Die Geschichte aus den Lehren des Tao lädt uns also ein, uns bei jedem Verhalten, jedem Ereignis zu fragen, wozu es gut sein könnte. Im NLP wird dies außerdem in folgende Vorannahmen, die jedem Verhalten unterstellt werden können, übersetzt: Hinter jedem Verhalten steckt eine positive Absicht, jedes Verhalten ist in irgendeinem Kontext sinnvoll und jedem Verhalten wird eine Bedeutung zugeschrieben. Wenn wir also unerwünschtes oder ungünstiges Verhalten ändern möchten, umso mehr in Einklang mit uns selbst zu kommen, müssen wir lediglich eine andere, bessere Möglichkeit finden. Folgende Fragestellungen können beim Reframing-Prozess hilfreich sein:

- Energie fließt dahin, worauf ich meinen Fokus richte. Mit was für Augen muss ich also die Welt sehen, damit sich meine Wünsche erfüllen?
- Wie agiert die Person, die ich gerne sein möchte? Worauf hat sie ihren Fokus gesetzt, was sind ihre Glaubenssätze?
- Was für Menschen haben Träume, die meinem eigenen ähnlich sind, bereits in ihrem Leben verwirklicht? Was für Methoden haben sie angewandt, was haben sie in ihrem Leben verändert?
- Welche Annahmen können mich in meinem Vorhaben positiv unterstützen?
- Wie sieht mein optimales Umfeld und meine optimale Umwelt aus, die mich bestmöglich bei der Verwirklichung meiner Träume unterstützen kann?

Grundsätzlich gilt es beim Reframing, unsere Absicht und unser tatsächliches Verhalten miteinander abzugleichen. Oftmals weichen diese beiden Komponenten zu großen Teilen voneinander ab und hindern uns daher daran, unsere Absicht klar zu kommunizieren. Aber auch sämtliche manipulativen Aspekte können so erklärt werden. Ob etwas positiv bewertet wird oder nicht, entscheidet jeder Mensch für sich selbst. Je nachdem, worauf der Fokus der Manipulation gerichtet wird, kann ein Reframing Prozess angelegt werden. Wenn die Absicht und das Verhalten nicht aufeinander abgestimmt sind, bringt das ein Opfer ins Wanken und bietet vielerlei Möglichkeiten der Manipulation.

Repräsentationssysteme

Repräsentationssysteme ist die Bewusstseinsebene der Sinne, kurz VAKOG:

Visuell, Auditiv, Kinästhetisch, Olfaktorisch und Gustatorisch (Sehen, Hören, Berühren/ Fühlen, Geruch, Geschmack). Das menschliche Nervensystem verarbeitet Reize von außen und übersetzt sie im Gehirn zu Klängen, Bildern oder anderen Empfindungen. Jeder Mensch hat seine individuelle und persönliche Hierarchie und Gewichtung der einzelnen Sinne. Dies kann unter Umständen zu Missverständnissen zwischen Menschen führen, wenn diese sehr unterschiedliche Hierarchiestrukturen haben, da das Wertesysteme und die individuelle Sprache mit den jeweiligen Nuancen missverstanden oder nicht wahrgenommen wird. Der visuelle, auditive und kinästhetisch Typ sind am weitesten verbreitet. Nachfolgend nun ein paar Beispiele für die jeweiligen Sinne, damit du dein Bewusstsein schärfen kannst und die Hierarchiestruktur deines Gegenübers einfach erkennen kannst und so dann die Basis für ein konstruktives Gespräch schaffen.

- **Visuell**: „Ich muss mir noch mehr Optionen genauer anschauen, bevor ich eine Entscheidung treffen kann.“, „Ich kann und will mir das nicht mehr länger ansehen.“
- **Auditiv**: „Das klingt sehr gut und ich von Freunden und Bekannten auch schon sehr viel Gutes gehört.“, „Ich konnte in dieser Beziehung leider nicht die für mich notwendige Harmonie finden.“
- **Kinästhetisch**: „Ich habe ganz und gar kein gutes Gefühl bei der Sache. Es scheint alles vollkommen aus dem Ruder zu laufen.“, „Mir zittern schon jetzt die Knie, wenn ich an das Gespräch mit Paul denke.“
- **Olfaktorisch**: „Ich kann die neue Kollegin einfach nicht riechen.“, „Carmen muss ihre Nase aber auch wirklich überall reinstecken!“
- **Gustatorisch**: „Guter Geschmack kostet eben einfach.“, „Allein bei dem Gedanken läuft mir das Wasser schon im Mund zusammen.“

Anwendungsgebiete von NLP

Die Anwendungsmöglichkeiten von NLP sind grenzenlos. Und so hat sich diese Methode in den unterschiedlichsten Bereichen bewährt. Dazu zählen unter anderem das Coaching und die Persönlichkeitsentwicklung, die Wirtschaft, das Gesundheitswesen inklusive Psychotherapie und Beratung, im Kreativsektor, in der Pädagogik, in der Mediation und dem Gerichtswesen. NLP ist in so vielen Bereichen effektiv, weil es das Kernproblem, das allen Problemen zu Grunde liegt, angeht: einschränkende Verhaltensmöglichkeiten wie blockierende Überzeugungen, Ängste, bremsende Gewohnheiten durch neue unterstützende und positive zu ersetzen. Letztendlich wünscht sich jeder Mensch ein erfülltes und glückliches Leben, im Privaten wie auch im Beruflichen. Die Besonderheit und Stärke von NLP liegt vor allem in dem lösungsorientierten Ansatz. Sprich, das Problem wird zunächst beiseitegelegt und das gewünschte Ergebnis in den Vordergrund gebracht, damit die natürlichen Ressourcen des Betroffenen angesprochen werden können und so Raum für die ideale Problemlösung geschaffen wird. Mit Hilfe von NLP können alle Eindrücke, denen wir in der heutigen modernen Welt ausgesetzt sind für die Erreichung unserer Ziele eingesetzt werden. Du kannst so also den Spieß umdrehen, und aus der Opferrolle heraustreten, die all diesen Einflüssen hilflos ausgesetzt ist und ständiger subtiler Manipulation ausgesetzt ist und dein Leben selbst in die Hand nehmen.

Die Macht der wortlosen Sprache

Non-verbale Kommunikation ist ein wesentlicher Bestandteil der zwischenmenschlichen Kommunikation. Der Körper ist niemals stumm. Oftmals zeigt er sogar direktes, ungefiltertes Feedback, das mit Worten so schnell gar nicht wiedergegeben werden kann. Dies können kleinste Bewegungen, wie bspw. eine Veränderung der Sitzhaltung, das Öffnen oder Schließen der Hände, eine gerade und aufrechte Körperhaltung oder eine vorgebeugte in sich zusammengefallene Körperhaltung, usw. sein. Aber auch die Wahl der Kleidung, die Farben, der allgemeine Kleidungsstil, die Wahl des Parfums oder Aftershaves senden gewisse Signale aus. Mimik, Gestik, Haltung und Bewegung, die räumliche Beziehung, Berührungen und die Kleidung sind also zentrale Faktoren der nonverbalen Kommunikation. Die nonverbale Kommunikation gibt uns einen ersten Eindruck, ob wir uns sicher fühlen oder nicht. Sie klärt also, ob wir unser Gegenüber sympathisch finden und vertrauen können. Dieser Urinstinkt gibt ein Indiz darüber, wie machtvoll nonverbalen Botschaften eigentlich sind und dass unser Körper der wahre Vermittler unserer echten Gefühle ist. Das liegt daran, dass die Reaktion des

Körpers meistens unbewusst erfolgt, d.h. Der Verstand hatte keine Zeit einzugreifen und die Reaktion zu modellieren, wie es mit Worten möglich ist. Wissenschaftliche Studien haben herausgefunden, dass nur 5 Prozent von dem, was ein Mensch mit Worten kommuniziert, ausschlaggebend für unseren ersten Eindruck ist. 95 Prozent laufen ohne Worte durch Aussehen, Haltung, Gestik und Mimik, Sprechgeschwindigkeit, Stimmlage, Betonung und Dialekt bestimmt. Und diese erste Einordnung läuft in weniger als einer Sekunde ab. Dass die Körpersprache wahrer und echter ist, wissen wir alle intuitiv. Vielleicht hast du dich schon einmal sehr traurig gefühlt und alle gut gemeinten Worte konnten dir nicht den Komfort und den Trost schenken wie eine einfache Umarmung oder Berührung. Dies ist auf unsere Kindheit zurückzuführen. Als Baby sind wir auf Körperkontakt und nonverbalen Kommunikation angewiesen, um eine Verbindung mit unserer Außenwelt herzustellen.

Jedoch haben gewisse Körpersignale in unterschiedlichen Teilen der Welt unter Umständen vollkommen unterschiedliche Bedeutungen. So gilt bspw. das Schmatzen am Esstisch als etwas Unhöfliches in westlichen Kreisen. In asiatischen Kulturen ist es hingegen ein Zeichen der Anerkennung für ein schmackhaftes Essen.

Allerdings gibt es wiederum auch universelle Signale, wie bspw. Lächeln wird grundsätzlich als positiv und als ein Zeichen von Sympathie eingesetzt, Stirnrunzeln hingegen ist ein Zeichen für Ärger, Unverständnis oder Missgunst. Letztendlich wurden alle nonverbalen Signale irgendwann einmal von unterschiedlichen Gruppen von Menschen, Gesellschaften und Kulturen entwickelt. Das richtige Entschlüsseln dieser Signale ist also in jedem Fall hilfreich, um sie lesen und einsetzen zu können. Im Nachfolgenden schauen wir uns die drei Kategorien Mimik, Gestik und Körperhaltung ein wenig genauer an, damit du in Zukunft Signale besser deuten und verstehen kannst.

Mimik

Mimik bezeichnet generell das Spiel der Gesichtsausdrücke. Die Augen sind dabei äußerst wichtige Botschafter. Blickzuwendung kann auf der einen Seite Aufmerksamkeit, Zuneigung oder Freundlichkeit vermitteln und als Zeichen des Selbstvertrauens empfunden werden. Wir fühlen uns beachtet und wahrgenommen. Wenn Blickkontakt hingegen vermieden wird, interpretieren wir dies oft als Desinteresse, Gleichgültigkeit oder sogar Scham, es kann aber auch ein Zeichen von Unsicherheit und Verlegenheit sein. Oftmals ist das Resultat, dass wir uns nicht wahrgenommen und anerkannt fühlen. Langes Anstarren kann als aufdringlich oder sogar aggressiv empfunden werden und ist in der Regel mit einem Gefühl des Unbehagens verbunden. Auch kleinste Augenbewegungen oder Muskelbewegungen im Gesicht sind letztendlich ein ungefilterter Spiegel der seelischen Vorgänge. So wird das Verdrehen der Augen oder ein starr geschlossener Mund oft als Verbissenheit, Geschlossenheit und Starrköpfigkeit gelesen. Mimik ist wirklich der Schlüssel zur wahren Innenwelt und den echten Gefühlen eines Menschen.

Gestik

Die Gestik umfasst die Körpersprache insbesondere mit den Händen oder Armen. Wir nutzen Gesten häufiger als uns vielleicht bewusst ist. Wir unterstreichen unser Gesagtes mit Handbewegungen, senden mit verschränkten Armen eine Abwehrhaltung aus oder ein ausgestreckter Daumen bedeutet Zustimmung. Wenn wir nervös sind, unter Druck stehen oder uns unwohl fühlen, neigen wir eventuell zu unbewussten Handbewegungen wie das Spielen mit unseren Fingern, das Berühren unseres Gesichts oder verlegenes Kratzen an unserem Hinterkopf.

Wissenschaftliche Forschungen haben ergeben, dass die Zentren für Sprache und Handbewegungen im selben

Bereich im Gehirn angesiedelt sind. Diese Entdeckung lässt darauf schließen, dass fast zwangsläufige eine Verbindung zwischen Wort und Hand besteht. Generell unterscheiden wir zwischen fünf Typen an Gesten: Embleme, Illustratoren, affektive Gesten, Regulatoren und Adaptoren.

1. **Adaptoren:** Unbewusste Gesten, die zur Regulierung von Emotionen dienen. Sie geben Aufschluss über den tatsächlichen emotionalen Zustand des Gegenübers, da sie nicht wirklich reguliert oder gesteuert werden. Typische Beispiele sind ein sanfter Griff ans Ohrläppchen oder ein sanftes Massieren des Ohrläppchens, um sich zu beruhigen.

2. **Affektive Gesten:** Unkontrollierbare Mikroausdrücke im Gesicht, die unsere aktuellen Emotionen ungefilterte darstellen. Beispiele hierfür sind zusammengekniffene oder weit aufgerissene Augen, hochgezogene Augenbrauen oder zusammengepresste Lippen.

3. **Emblem:** Konventionelle Gesten, die sich in einer Kultur, einem Freundeskreis oder generell einer Gruppe von Menschen etabliert hat, um bestimmte Dinge auf nonverbale Weise zu kommunizieren. Beispielsweise ist es in Deutschland üblich, sich bei

Geschäftsmeetings zur Begrüßung die Hand zu geben, bei persönlichen Treffen umarmt man sich jedoch eher zur Begrüßung. Kopfnicken ist in unserer Gesellschaft ein Zeichen der Zustimmung während das Kopfschütteln eine Ablehnung bedeutet. Dies trifft jedoch nur unseren Kulturkreis zu. In Indien bedeutet leichtes Kopfschütteln beispielsweise Zustimmung. Der kulturelle Kontext ist also von besonderer Bedeutung bei der Verwendung von Emblemen.

4. **Illustrator:** Intuitive Gesten, um das Gesagte durch eine Visualisierung zu unterstreichen. Bspw. Kann man mit den Fingern oder Händen betonen, ob ein Haus „riesig" oder „winzig" ist.

5. **Regulatoren:** Gesten, die Feedback oder Aufforderungen vermitteln. Ein Zunicken ist beispielsweise eine Zustimmung und Ermutigung, weiterzumachen oder zu beginnen. Kopfschütteln hingegen signalisiert dem anderen, dass dies nicht die richtige Richtung ist. Wir können auch durch Anheben oder Senken unserer Hand signalisieren, dass jemand laut oder leiser sprechen soll. Wenn die Hände ganz langsam wiederholt gesenkt werden, ist das ein Signal, langsamer zu werden.

Haltung

Die Art und Weise wie wir stehen, sitzen oder gehen fällt in die Rubrik der Körperhaltung. Diese können bewusst eingenommen und antrainiert werden, um ein bestimmtes Bild zu projizieren oder eine bestimmte Wirkung zu erzielen. Die Sitzhaltung kann uns Aufschluss über unser Gegenüber geben. Sitzt der andere eher locker oder aufrecht und gerade? Eine aufrechte und gerade Sitzhaltung signalisiert Interesse und Selbstsicherheit. Generell vermittelt eine gerade Körperhaltung Standhaftigkeit und wird auch mit einem aufrechten und zielstrebigen Charakter in Verbindung gebracht. Hat ein Mensch jedoch eine eher gebeugte Körperhaltung und herabhängende Schultern, vermittelt uns dies den Eindruck, dass dieser Mensch eine große Last zu tragen hat und weniger Selbstbewusstsein ausstrahlt. Ist dein Gegenüber zurückgelehnt oder leicht in deine Richtung vorgebeugt? Eine Beugung in deine Richtung signalisiert ebenfalls Interesse und Aufgeschlossenheit, während ein Zurücklehnen eher Langeweile und Desinteresse vermitteln. Wissenschaftliche Theorien unterstützen die Annahme von einem Zusammenhang zwischen der seelischen und der körperlichen Lage. So haben wir meistens eine offene und aufrechte Körperhaltung, wenn wir uns gut und selbstsicher fühlen. Wir wollen uns der

Welt zeigen und gesehen werden. Sind wir jedoch traurig oder unsicher, sinkt auch unser Körper in sich zusammen und wir möchten und so klein und unscheinbar wie nur möglich machen. Diese emotionalen Befindlichkeiten sind auch in unserem Gang gespiegelt: fühlen wir uns glücklich und selbstsicher, ist unser Gang leicht und unbeschwert. Forschungen haben auch gezeigt, dass wir anhand der Gangart in den meisten Fällen intuitiv bestimmen können, ob es sich um eine weibliche oder männliche Person handelt.

Neun gängige nonverbale Botschaften

Wir haben dir hier nun nochmals neun gängige Ausdrucksformen der Körpersprache aufgeführt. Da es in der Natur des Menschen liegt, in Beziehung zu allem zu stehen, nimmt die Anwesenheit eines anderen unbewusst oder bewusst Einfluss auf uns. Es ist daher hilfreich, sich über diese Dynamiken bewusst zu sein, um aktiv Schritte für das eigene Wohlbefinden einleiten zu können. Neben den hier aufgeführten Ausdrucksformen gibt es natürlich eine Vielzahl an Ausdrucksformen, wie bspw. ein Kuss, eine Ohrfeige, ein Lächeln, Schulterklopfen, Händeklatschen, Hände halten, etc. Die Beispiele sind nun auch nur auf den deutschen Raum bezogen und wir möchten erneut darauf hinweisen, dass diese Gesten in anderen Kulturkreisen andere Bedeutungen haben können.

1. **Abstand halten**

Menschen haben instinktiv ein feines Gespür für die richtige Distanz, da wir alle das unangenehme Gefühl kennen, wenn uns jemand zu nahekommt. Wenn wir zu Nähe gezwungen werden, wie bspw. im Bus oder der Bahn vermeiden wir tendenziell Blickkontakt und versuchen, den anderen zu ignorieren, um so unsere Wohlfühlzone aufrecht zu erhalten. Wenn Menschen einem bewusst zu nahekommen, wollen sie in der Regel Macht demonstrieren oder den anderen einschüchtern. Im Gegenzug empfinden wir eine zu große Distanz als befremdlich und abweisend.

2. **Blickkontakt**

Blickkontakt ist ein sehr wichtiges Werkzeug zur Kontaktaufnahme und der Kommunikation. Wenige Sekunden gemeinsamer Blickkontakt, ggfs. in Verbindung mit einem freundlichen Lächeln, vermittelt Vertrauen und Offenheit. Achte darauf, dass dein Blick weich und offen ist, da Anstarren als unangenehm, teilweise sogar bedrohlich empfunden werden kann. Wenn wir uns unsicher fühlen, haben wir die Tendenz, häufiger zu blinzeln oder den Blick zu senken. Wenn du diese Anzeichen in einem Gespräch bei deinem Gegenüber bemerkst, kannst du mitfühlend nachfragen, ob der andere sich unsicher fühlt und ob er dir den Grund erklären kann.

3. Händedruck

Besonders in Deutschland wird das Händeschütteln als Geste zur Begrüßung häufig eingesetzt, da mehr Körperkontakt nur intimen Kreisen als angemessen gilt. Ein fester, warmer und trockener Händedruck von etwa drei bis vier Sekunden in Verbindung mit Blickkontakt und einem leichten Lächeln wird als einladend, selbstsicher und angenehm empfunden. Ist der Druck jedoch zu fest, verängstigt das den anderen unter Umständen. Ein zu lapidarer und lockerer Händedruck kann als unseriös und als Ausdruck für Desinteresse empfunden werden.

4. Körperhaltung

Eine weiche, aber aufrechte Körperhaltung signalisiert Stabilität, Vertrauenswürdigkeit und Interesse. Diese Körperhaltung unterstützt tatsächlich auch den optimalen Energiefluss in deinem Körper und unterstützt dich dabei, wach und vital zu sein. Tendenziell haben wir die Angewohnheit, etwas in uns zusammen zu sacken, du kannst dann einfach sanft deine Schultern zurückziehen, deine Brust öffnen und leicht nach vorne drücken, deinen Rücken gerade ausrichten. Diese Anpassungen sollten natürlich und nicht überspitzt sein, da du sonst steif wirkst und dann eher Unsicherheit und Abweisung ausstrahlst.

5. Lippenbekenntnisse

In der Regel signalisieren gespitzte Lippen die Einladung zu einem Kuss. Der Ausdruck der Augen und des restlichen Gesichtes ist hier jedoch auch ausschlaggebend. Ist das Gesicht angespannt und die Augen und Augenbrauen zusammengekniffen, signalisieren gespitzte Lippen Missgunst und Ablehnung. Wenn sich ein Mensch auf die Lippen beißt, steht dieses Verhalten in der Regel für Unsicherheit oder Nervosität.

6. Nervöse Gesten

Streichst du mit deinen Händen durch deine Haare oder fasst dich am Gesicht, kann das als Nervosität, Stress, Frust oder Desinteresse verstanden werden. Wenn die Hände jedoch ruhig im Schoß ruhen, vermittelt dies generell Entspannung, Interesse und Selbstsicherheit.

7. Sicherer Stand

Wenn wir nervös, unruhig, unwohl fühlen oder in Gedanken verloren sind, tendieren wir öfters dazu, mit den Füßen zu wippen, unsere Beine abwechselnd zu überkreuzen oder unser Gewicht von einem Bein auf das andere Bein zu verlagern. Dies reflektiert unseren Wunsch, uns dieser Situation entziehen, sprichwörtlich wegrennen, zu wollen. Wenn du deinen Stand festigst und einen sicheren und aufrechten Stand einnimmst, bringt das Ruhe in deinen Körper und dies reflektiert sich dann langsam auch auf deiner Gefühlsebene.

8. Verschränkte Arme

Wenn jemand in unsere Wohlfühlzone eingedrungen ist oder wir uns aus anderen Gründen zurückziehen und distanzieren möchten, verschränken wir oft die Arme. Manchmal unterstreichen wir unser Bedürfnis nach Abstand zusätzlich, indem wir uns von dem anderen abwenden. Interessant ist, dass diese Geste eine Art Schutz symbolisiert. Bei Frauen wird sie oft eingesetzt, wenn sie sich unsicher fühlen, während Männer sie mehr einsetzten, um ihre Ablehnung zum Ausdruck zu bringen.

9. **Wegschauen**

Wie schon zu Beginn gesagt, ist Blickkontakt ein wichtiges Werkzeug und die Augen sind in menschlichen Beziehungen sehr mächtig. Wenn wir also ständig in der Gegend rumschauen oder andauernd einen Blick auf die Uhr oder unser Handy werfen, kann das von unserem Gegenüber als Desinteresse, Unwohlsein, Unsicherheit oder Langweile wahrgenommen werden.

Du siehst, Körpersprache zu interpretieren ist gar nicht so einfach, da sie so facettenreich ist. Eine Grundregel zu kennen kann jedoch hilfreich sein, um uns selbst und unser Gegenüber besser zu verstehen. Wir sollten uns aber nicht dazu hinreißen lassen, krampfhaft nach einer Bedeutung jeder Geste zu suchen und ihr eine bestimmte Interpretation zuzuordnen. Wir Menschen sind oft mit unseren Gedanken an ganz anderen Orten als im Hier und Jetzt und unsere Reaktionen haben oft gar nichts mit dem Gegenüber zu tun. Der andere mag gerade in einer Erinnerung schwelgen und daher seine Stirn runzeln oder die Nase rümpfen oder aber dem anderen ist schlichtweg kalt und deswegen verschränkt dieser die Arme. Es ist also immer wichtig, so gut wie möglich den Gesamtzusammenhang einer Situation zu sehen, nicht vorschnell zu urteilen und mehr auf das Bauchgefühl zu vertrauen.

Haftungsausschluss

Dieses Buch enthält Meinungen und Ideen des Autors / der Autorin und hat die Absicht, Menschen hilfreiches und informatives Wissen zu vermitteln. Die enthaltenen Strategien passen möglicherweise nicht zu jedem Leser, und es gibt keine Garantie dafür, dass sie auch wirklich bei jedem funktionieren. Die Benutzung dieses Buchs und die Umsetzung der darin enthaltenden Informationen erfolgt ausdrücklich auf eigenes Risiko. Haftungsansprüche gegen den Autor für Schäden materieller oder ideeller Art, die durch die Nutzung oder Nichtnutzung der Informationen bzw. durch die Nutzung fehlerhafter und/oder unvollständiger Informationen verursacht wurden, sind ausdrücklich ausgeschlossen. Das Werk, inklusive aller Inhalte, gewährt keine Garantie oder Gewähr für Aktualität, Korrektheit, Vollständigkeit und Qualität der bereitgestellten Informationen. Druckfehler und Fehlinformationen können nicht vollständig ausgeschlossen werden.

Impressum:

Ataro Kitap Yayıncısı, İsmet Kaptan, Gazi Blv. No:116, 35210
Konak/İzmir, Turkey, atarokitap.izmir@gmail.com

Printed in Poland
by Amazon Fulfillment
Poland Sp. z o.o., Wrocław

79789363R00066